AF363650

Cris-Cris (Les) de Paris

A. ALLOUARD, Libraire-Éditeur
COMMISSIONNAIRE
37, rue Serpente, 37

THÉATRE NOUVEAU

PRIX
50 CENTIMES

LES CRIS-CRIS DE PARIS

REVUE EN TROIS ACTES ET DIX TABLEAUX

PAR

MM. EUG. GRANGÉ, Vte BERNARD ET M. ORDONNEAU

Représentée pour la première fois à Paris, sur le théâtre des Folies-Marigny, le 30 décembre 1876.

PERSONNAGES

DROLICHON	MM. VAVASSEUR.
CHAMPIGNOL	MIRAL.
L'AMANT D'AMANDA	DUPRAT.
VESTAMOR	
Un Médecin	
LE DOCTEUR DU HAMMAM	MOREL.
L'AMI FRITZ	
Un Agent	
Un Juré	CHAUDESAIGUES.
PETIT-JEAN	
Un Concierge	
Le Gagne-Petit	
Deuxième Juré	CESSAC.
LE TRAMWAY	
Un Garçon de café	
Un Cocher de fiacre	CECILL.
CORNEILLE	
La Chanson française	
MADAME DE FOLLEBRAISE	Mmes RADE.
LA COMTESSE ROMANI	
COSTUMIA	
BRIQUETTE	
La Butte des Moulins	
Une Vivandière	SOLL.
VIRGINIE	
FRANCINE	
FRIDOLIN	
LA ROSIÈRE	
LORIOL	LERICHE.
PAUL	
LANTERNUS	
LA REVUE	Mme CLAMMECY.
L'Auvergnate	FRANCE.
Le Gamin	
Premier Cri-Cri	
Une Dame du Hammam	REBIN.
Opta	
JEANNETTE	
MADAME DE SAINTE-ROTONDE	
La Nourrice	MARIE ANDRÉ.
JEANNE D'ARC	
MADAME DES ÉCHASSES	
JEANNE	LAURE.
Le Lieutenant	
Deuxième Cri-Cri	
MERCURE	MARIAQUITA.
Un Rat	
CÉRÈS	LUYNES.
Une Anglaise	
Troisième Cri-Cri	
Une Dame	MARIA BONHEUR.
Un Rat	
L'Hirondelle	
La Cuisinière	
Un Réserviste	CLÉMENCE.
Jeanneton	
Une Dame du Hammam	EUGÉNIE.
Une Marchande de Marée	MARCELLE.
Troisième Cri-Cri	
Quatrième Cri-Cri	EUGÉNIE.
Cinquième Cri-Cri	G. ÉVANS
Sixième Cri-Cri	HENRIETTE.

PROLOGUE

Le cabinet de travail de Fridolin. — Porte d'entrée au fond. — Une table à droite. — Fauteuil, chaises.

SCÈNE PREMIÈRE

FRIDOLIN, *en jaquette du matin, en pantoufles, est assis près de la table sur laquelle sont des papiers, des journaux, et lit un journal.*

... « Nous apprenons que plusieurs théâtres préparent des revues. Quand donc les directeurs renonceront-ils à ce genre de pièces aussi démodé qu'insupportable? » (*Jetant le journal sur la table.*) Eh! bien, merci! c'est encourageant!... Moi qui me suis engagé à écrire pour les Folies-Marigny une revue en trois actes et une infinité de tableaux! Et par traité encore!... avec un dédit de 30,000 francs!... Payer 30,000 francs, c'est raide pour un auteur qui n'a encore fait jouer que deux vaudevilles aux Délassements-Comiques... Et d'un autre côté, donner une revue, quand les journaux prétendent que le public n'en veut plus... que la revue est morte... (*Se levant.*) Morte? Allons donc!

Air : *J'avais mis mon petit chapeau.*

En dépit de tous les journaux,
Je prétends, à force d'adresse,
De gaîté, de moyens nouveaux.
Qu'à tous les yeux elle paraisse
Resplendissante de jeunesse.
C'est vraiment qu'en leurs écrits
Ils disent : « la Revue est morte, »
Je veux, ou le diable m'emporte (*bis*)
La ressusciter à Paris!
Oui, je prétends, ou le diable m'emporte,
La ressusciter à Paris! (*bis*)

(*On frappe à la porte du fond.*) Quelqu'un!... C'est sans doute le Directeur qui vient savoir où j'en suis... (*Criant :*) Entrez!... (*Voyant paraître Champignol.*) Un étranger...

SCÈNE II
FRIDOLIN, CHAMPIGNOL.

CHAMPIGNOL, *saluant.* C'est à M. Fridolin, auteur dramatique, que j'ai l'honneur de paler?

FRIDOLIN. A lui-même. Qu'y a-t-il pour votre service?

CHAMPIGNOL. Jeune homme, je m'appelle Champignol, Anasthase Champignol, ancien cordonnier pour dames, actuellement domicilié rue de Ponthieu 87...

FRIDOLIN, *à part.* Un gêneur! (*Haut.*) Pardon, monsieur, mais mon temps est précieux, j'ai à travailler, et...

CHAMPIGNOL. Je serai court comme un lever de rideau. Voici ce qui m'amène : J'ai appris par le *Figaro*, auquel je suis abonné, que vous composiez une revue pour les Folies-Marigny...

FRIDOLIN. Ah! le *Figaro* en a déjà parlé?... Ces reporters sont d'une indiscrétion!... En effet, le Directeur de ce théâtre qui m'honore de sa confiance, m'a commandé...

CHAMPIGNOL. Mes compliments, jeune homme!... Le théâtre des Folies-Marigny est le premier théâtre de Paris...

FRIDOLIN. En venant de l'Arc-de-Triomphe.

CHAMPIGNOL, *riant.* Ah! ah! ah! ces auteurs... toujours de l'esprit!

FRIDOLIN, *modestement.* Affaire d'habitude.

CHAMPIGNOL. Comme je vous l'ai dit, je suis du quartier, et en ma qualité de voisin, habitué de cette bonbonnière dramatique...

FRIDOLIN. Ah! vraiment? Vous aimez les pastilles de l'endroit?

CHAMPIGNOL. Depuis quinze ans, je passe toutes mes soirées dans ce charmant théâtre... Il n'a pas, c'est vrai, un superbe escalier comme celui de l'Opéra... Mais la salle est jolie. Les fauteuils d'orchestre sont très-confortables... Et puis, pendant le spectacle, le public peut causer avec les acteurs... Il chante avec eux le refrain des couplets... C'est fort agréable.

FRIDOLIN. Oui, ça se passe en famille.

CHAMPIGNOL. Naturellement, j'ai vu jouer toutes les revues : *Ba qui s'avance, On dit zut au berger, Les Canards l'ont bien passé...*

FRIDOLIN. Et cœtera, et cœtera.

CHAMPIGNOL. Certainement, ces machines-là avaient du bon... Elles étaient littéraires... Par malheur elles étaient toutes coulées dans le même moule... Toujours l'éternel compère assistant au défilé des nouveautés de l'année... A la longue, ça devenait monotone.

FRIDOLIN. Parbleu!

CHAMPIGNOL. Or, puisque vous êtes chargé de faire une revue, je venais vous recommander, dans l'intérêt des spectateurs, de tâcher de varier un peu... De l'originalité, jeune homme! Abandonnez un cadre usé jusqu'à la corde!... Enfin, quoi, sortez de l'ornière!

Air : *Ça va bien* (Des Poletais).

Du nouveau! (*ter*)
Tout le monde
En veut à la ronde.
Du nouveau (*ter*)
Et chacun vous criera : bravo !
Pas d'imitations,
De digressions
Pas trop de fleutons:
Tout ça c'est vieux,
Bien prétentieux,
Bien fastidieux
Et surtout bien ennuyeux!
Pas de compère usé,
Démonétisé,
On en est blasé ;
Pas de rôles à mollets,
Souvent maigrelets,
Venant, en fausset,

Nous écorcher un couplet!
Du nouveau!
Etc., etc.

Oui, soyez neuf, morbleu!
Pour changer un peu.
Laissez l'ancien jeu!
Sortez, au total,
Du vieil arsenal,
Du cadre banal,
Montrez-vous original!
Point de moyens vieillots,
Point de jeux de mots
Par trop rococos ;
Mais de traits nouveaux,
Semez vos tableaux
Et pour vos rondeaux,
Choisissez des airs nouveaux !

FRIDOLIN (*Parle*). Comme celui que vous chantez!
CHAMPIGNOL. Comme celui que je chante !

REPRISE.
Du nouveau! (*ter*)
Tout le monde,
En veut à la ronde.
Du nouveau! (*ter*)
Et chacun vous criera : bravo !

FRIDOLIN. Parbleu, mon cher voisin, vous prêchez un converti... La Revue que je rumine répond de tout point à votre programme.

CHAMPIGNOL. Bravo! jeune homme!... Je cours retenir au bureau de location un fauteuil pour votre première.

FRIDOLIN. Depêchez-vous, il y a de nombreuses demandes.

CHAMPIGNOL. Mais c'est entendu, plus de compère?

FRIDOLIN. Plus de rôle à baguette!

CHAMPIGNOL. Arrière les sentiers battus!

FRIDOLIN. Arrière le poncif!

REPRISE ENSEMBLE.
Du nouveau! (*ter*)
Tout le monde
En veut à la ronde.
Du nouveau! (*ter*)
A chacun { vous / me } criera : bravo !

(*Champignol sort.*)

SCÈNE III

FRIDOLIN, puis DROLICHON.

FRIDOLIN, *seul*. Oui, oui, je suis complètement de l'avis de cet imbécile... Ce que le public demande, c'est du nouveau... Ah! messieurs les journalistes, je vous prouverai bien que petite bonne femme vit encore!... Seulement elle a besoin d'être rajeunie par un ingénieux maquillage... Et je m'en charge!... Vite à la besogne!... (*On frappe à la porte du fond.*) Allons, qui vient encore me déranger ?

DROLICHON, *entrant*.
Récitatif du Pré-aux-Clercs.
Me voici donc enfin dans ce laboratoire
Où l'on fabrique des couplets !

FRIDOLIN, *à part*. Qu'est-ce que c'est que cet olibrius ?

DROLICHON, *chantant*.
Air : *Bonjour mon ami Vincent.*
Bonjour ami Fridolin,
La santé comment va-t-elle ?

FRIDOLIN, *à part*. Ce n'est pas un homme, c'est une serinette. (*Haut.*) A qui ai-je l'avantage de parler ?

DROLICHON. Comment vous ne me reconnaissez-pas ? Je suis pourtant bien connu des auteurs dramatiques.

FRIDOLIN. Ah! bah!

DROLICHON. J'ai figuré dans toutes les revues.

FRIDOLIN. Vous! Et en quelle qualité?

DROLICHON. En qualité de compère.

FRIDOLIN. De compère?

DROLICHON. Et je viens, en passant, vous offrir mes petits services.

FRIDOLIN. Désolé, mon brave homme!... Mais ma Revue se passera de compère.

DROLICHON. Hein!... Vous dites?

FRIDOLIN. Je dis que mon intention bien arrêtée est de le supprimer.

DROLICHON, *éclatant de rire*. Ah! ah! ah!

FRIDOLIN. Vous riez?

DROLICHON, *riant plus fort*. Ah! ah!... c'est à se tordre!... Pour une fameuse, en voilà une fameuse !

FRIDOLIN. Comment ?... que voulez-vous dire ?

DROLICHON. Supprimer le compère d'une revue, mais c'est vouloir faire un habit sans tailleur, une sauce sans jaune d'œuf, une gibelotte sans lapin !

FRIDOLIN. Allons donc!

DROLICHON. Il n'y a pas d'allons donc! Qui est-ce qui recevrait vos personnages ?... qui est-ce qui ferait l'éloge ou la critique des inventions de l'année?

FRIDOLIN. Mais...

DROLICHON. Mais, mais, je vous répète qu'une revue sans compère, c'est impossible... Et, tout malin que vous êtes, je vous défie d'en venir à bout.

Air de la *Légère.*
Un compère (*bis*)
Est un être nécessaire ;
Rien sur terre
Ne prospère
Que par lui,
Par son appui !

Le compère est le ressort
Qui fait marcher une pièce ;
Sa gaîté met en liesse
Le public quand il s'endort.
Qui donc, je vous prie, explique.
Par sa prose ou ses couplets.
De la lanterne magique
Les bonshommes, les sujets ?
Le compère (*bis*)
C'est un être nécessaire,
Rien sur terre
Ne prospère
Que par lui,
Par son appui !

Ce prestidigitateur
Dont on admire l'adresse.
Dont les doigts pleins de souplesse
Ravissent le spectateur,
Devant son aréopage.
Pour exécuter ses tours
De cartes, d'escamotage.
A grand besoin du secours
D'un compère (*bis*);
C'est un être nécessaire.
Rien sur terre
Ne prospère
Que par lui.
Par son appui !

A ce docteur-charlatan
Qui vous vante sa formule.
A ce boursier qui spécule
Sur l'emprunt mahométan,
A cette œuvre dramatique
Dont l'esprit est peu subtil,
De même qu'en politique
Pour réussir que faut-il ?
Un compère (*bis*).
C'est un être nécessaire ;
Rien sur terre
Ne prospère
Que par lui,
Par son appui !

FRIDOLIN. — Eh bien, soit!... vous m'avez retourné, convaincu... Va pour un compère !... Je consens à vous introduire dans ma revue.

DROLICHON. Et vous vous en trouverez bien, je vous en... flanque mon billet.

FRIDOLIN. Mais, par exemple, c'est fini, je ne ferai plus aucune concession.

SCÈNE IV.

LES MÊMES, LA REVUE.

LA REVUE. Excepté pour moi, s'il vous plaît !
FRIDOLIN. Vous?... qui ça, vous ?
LA REVUE. Eh ! quoi, vous ne devinez pas?
DROLICHON. Mais c'est ma commère.
FRIDOLIN. Un compère femelle !

LA REVUE.

Air : *Enfant, quand j'étais saltimbanque* (Boîte au lait).

Je suis l'idole de l'orchestre.
La fée aux attraits séduisants.
Qu'un théâtre, à la Saint-Sylvestre.
Voit reparaître tous les ans.

J'exerce le pouvoir suprême
Dans une revue, ou plutôt
Je suis la revue elle-même,
Toujours joyeuse, ou peu s'en faut.

Ma grâce et ma désinvolture
Savent charmer notre public,

Et dans les couplets de facture
Je l'émerveille par mon chic.

A tous les gens de mon empire
J'adresse quelques mots flatteurs.
Et quand je n'ai plus rien à dire.
Je fais de l'œil aux spectateurs.

Me conformant à la coutume,
Chaque année, on me voit changer
Non de forme, mais de costume.
Qui, malgré tout, reste léger.
Oui, j'ai beau changer de costume,
Malgré tout, il reste léger.

Tantôt je suis une planète
Aux atours frais et chatoyants ;
Tantôt je me montre en comète
Couverte d'or et de brillants.

Dans l'ouvrage que je dirige.
Je fais changer plus d'un décor.
Et j'opère plus d'un prodige
Du bout de ma baguette d'or.

Si, parfois, la pièce chavire,
Crac! aussitôt que je parais,
Par un regard, par un sourire,
Je change le four en succès.

Je suis l'idole de l'orchestre,
La fée aux attraits séduisants,
Qu'au théâtre, à la Saint-Sylvestre,
On voit revenir tous les ans !

DROLICHON, *à Fridolin.* Eh bien, voyons, est-ce que ça ne vous décide pas?

FRIDOLIN. Diable !... un rôle à baguette !... Moi qui avais l'intention de donner du neuf !...

LA REVUE. Est-ce que vous croyez que je ne le suis pas... neuve?

FRIDOLIN. Je ne dis pas ça, mais...

DROLICHON. Voyez donc ces yeux, ces épaules... Avec des épaules comme celles-là, votre triomphe est assuré.

FRIDOLIN. Le fait est qu'elle est charmante!

DROLICHON. Ravissante !

LA REVUE. Et du zinc, mon petit!... un zinc à tout casser!

FRIDOLIN. Ah ! ma foi, tant pis !... je n'hésite plus... je fais encore une concession... Mais, cette fois, c'est la dernière... (*Bruit de cris-cris en dehors, au fond.*) Hein ? quel est ce bruit?

UNE VOIX, *en dehors.* Par ici, mes enfants, par ici !

LA REVUE, Qui vient là ?

SCÈNE V.

LES MÊMES, SIX CRICRIS, *représentés par des femmes, puis* L'AMANT D'AMANDA.

PREMIER CRICRI.
Air de *l'Hirondelle (Boite au lait).*
Nous sommes les petits cris-cris
Très-connus par notre physique,
DEUXIÈME CRICRI.
Pendant trois mois, dans tout Paris,
Nous avons fait de la musique.
TROISIÈME CRICRI.
Chacun en était ahuri.
Du bourgeois ça troublait les veilles.
QUATRIÈME CRICRI.
C'était un tel charivari
Que l'on s'en bouchait les oreilles.
PREMIER CRICRI.
Toujours, toujours, à ses oreilles
On entendait ceci :
Cricri, cri !
ENSEMBLE.
Cricri, cri !
O musique
Sympathique
Cricri, cri !
Cricri, cri !...

FRIDOLIN. Ah ! bon !... ah ! bien !... voilà le bataillon des grues !

LES CRICRIS. Des grues !

PREMIER CRICRI. Mais non, nous sommes les Cricris.

FRIDOLIN. Oui, des Cricris représentés par des grues.

LES CRICRIS. Malhonnête !

FRIDOLIN. Enfin, quoi, que voulez-vous ?

PREMIER CRICRI. Avoir des rôles dans votre revue.

FRIDOLIN. Des rôles dans ma revue !

DEUXIÈME CRICRI. Dont nous serons le plus bel ornement.

FRIDOLIN, *dédaigneusement.* Vous?

TROISIÈME CRICRI. Il me semble qu'on est assez présentable.

QUATRIÈME CRICRI. Et que le public n'aura pas à se plaindre...

L'AMANT D'AMANDA, *entrant et chantant.*

Quel est ce beau garçon-là ?
C'est l'amant d'A, c'est l'amant d'A...

FRIDOLIN. L'Amant d'Amanda ! il ne manquait plus que ça !

L'AMANT D'AMANDA.
Air de *Victor Robillard.*
Un concert très-fréquenté
De mes succès fut la ruche;
Et de Paris, cet été,
Je devins la coqueluche.
On chantait de toute part.
De Montrouge à la Courtille,
D' la Villette à Vaugirard,
D' la Madeleine à la Bastille :
Quel est ce beau garçon-là ?
C'est l'amant d'A, c'est l'amant d'A.
TOUS ENSEMBLE.
Quel est ce beau garçon-là ?
C'est l'amant d'Amanda !

FRIDOLIN, *criant.* Assez !... assez !... Fichez-moi le camp!

L'AMANT D'AMANDA. De quoi !... de quoi !... vous me flanquez à la porte ?

FRIDOLIN. Oui, vous et les Cricris !

LES CRICRIS. Nous aussi !...

PREMIER CRICRI. Nous chasser, nous une des inventions de l'année !

DEUXIÈME CRICRI. Vous n'avez pas le droit de nous expulser de votre revue.

TOUS. Non, non! vous n'en avez pas le droit!

TROISIÈME CRICRI. Nous avons des titres.

FRIDOLIN. Des titres !... Tiens, c'est une idée !... Comme titre, je vous accepte... mais comme instrument, jamais !

QUATRIÈME CRICRI. C'est une horreur !

TOUS LES CRICRIS. Une indignité !

L'AMANT D'AMANDA. Je sors... mais vous me reverrez.

PREMIER CRICRI. Nous figurerons dans votre pièce malgré vous !

TOUS LES CRICRIS. Oui, malgré vous !

FRIDOLIN, *furieux.* Ah ! c'est trop fort !

ENSEMBLE.
Air : *Vengeance !*
Sans plus d'insistance,
Sortez de ma présence !
Oui, retirez-vous,
Ou craignez mon courroux !
Partez, ou craignez mon courroux !
DROLICHON ET LA REVUE.
Sans plus d'insistance,
Sortez de sa présence !
Oui, retirez-vous,
Ou craignez son courroux !
Partez, ou craignez son courroux !
L'AMANT ET LES CRICRIS.
Sans plus d'insistance,
Nous quittons la séance ;
Bientôt, malgré vous,
Vous nous reverrez tous !
Bientôt vous nous reverrez tous !
(*Mouvement de sortie. — Le rideau baisse.*)

ACTE PREMIER

PREMIER TABLEAU

Une place publique. — A droite, le bureau des Hirondelles — A gauche, le bureau des tramways à vapeur.

SCÈNE PREMIÈRE

VOYAGEURS, *puis* DROLICHON, LE TRAMWAY A VAPEUR, *et ensuite* L'HIRONDELLE. (*Au lever du rideau, on entend le bruit de la corne des tramways et la cloche des Hirondelles. Des voyageurs et des voyageuses entrent et se dirigent vers les bureaux.*)

CHŒUR
Air : *Voici la jeune fiancée. (Moulin du Vert-Galant.)*
Embarquons-nous, et vite, et vite,
Voilà l'Hirondelle qui part,
Et dans le tramway, sans retard,
Montons tous à la suite !

DROLICHON, *entrant.* Sapristi ! quel vacarme ! C'est à devenir sourd !... (*Bousculé par le tramway à vapeur qui passe.*) Mais prenez donc garde! vous avez failli me renverser.

LE TRAMWAY. Fallait vous garer ! Vous n'avez donc pas entendu ma corne ?

DROLICHON. Votre corne ? J'ai cru que c'était celle d'un fontainier enroué.

LE TRAMWAY. Allons donc ! c'est la corne du tramway à vapeur.

DROLICHON. Comment ! on permet aux locomotives de se promener dans les rues de Paris?

LE TRAMWAY. Oui, monsieur, le tramway envahit tout, les rues, les places, les boulevards. L'omnibus a fait son temps, et, dans peu, Paris ne sera plus qu'une immense voie ferrée.

DROLICHON. Mais alors il n'y a plus de sûreté pour les passants.

LE TRAMWAY. C'est à eux de se garer ou de se faire assurer à la compagnie d'assurances contre les accidents.

DROLICHON. Merci!... placer ses membres à fonds perdu!

LE TRAMWAY.
Air : *Vaud, de l'Ours et le Pacha.*
La nouvell' voiture à vapeur,
Qu'on devrait porter au pinacle,
Pour conduire le voyageur,
Brise, renverse tout obstacle.
On doit applaudir aux tramways,
Car c'est, — je le dis sans emphase,
Le progrès qui lui sert de base.

DROLICHON.
Oui, certes, c'est un grand progrès...
Surtout quant aux gens qu'on écrase.
J'en conviens, c'est grand progrès
Par rapport aux gens qu'on écrase.

LE TRAMWAY. Monsieur veut-il un numéro?

DROLICHON. Non, non, bien obligé!... Je renonce à la voie de terre.

L'HIRONDELLE *entrant par la droite.* Monsieur préfère la voie d'eau?... Voilà! (*Le Tramway sort.*)

DROLICHON. La voie d'eau?... Vous êtes Auvergnate?

L'HIRONDELLE. Eh! non, je vous parle des Hirondelles, les nouveaux bateaux établis sur la Seine. (*Bruit de cloche.*) Justement en voilà un qui arrive. Si monsieur veut s'embarquer?

DROLICHON. Un instant!... Je voudrais d'abord prendre quelques renseignements.

L'HIRONDELLE. Rien de plus facile. J'aperçois une de mes voyageuses qui vous renseignera.

SCÈNE II.

LES MÊMES, FRIQUETTE (*grosse paysanne, portant un panier et un parapluie*).

FRIQUETTE, *entrant.* Ouf! m'y v'là! J'en peux plus!

Air de *Saltarello.*
Ah! saperlotte! queu voyage!
Vraiment j'ai point eu d'agrément.
Entre nous, pour un' fille sage,
Voguer ainsi, c'est imprudent!
D'aller sur l'eau j'étais bien aise;
A Suresnes je prends l' bateau,
La rivièr' n'était point mauvaise,
Et nous fîlions gaiement sur l'eau.
Mais à Saint-Cloud la foule augmente.
Beaucoup d' troupiers mont'ent à la fois;
Ils étaient ben trente ou quarante,
Nous v'là serrés comme des anchois.
Pour lors, sans faire de manières,
Je pousse en arrière, en avant;
Juste au milieu des militaires
Je vais tomber, c'était gênant.
Chacun d'eux, frisant sa moustache,
Me guigne de l'œil et sourit;
De m'esquiver en vain je tâche,
Le cercle, hélas! se rétrécit,
Je sens un bras sur mon épaule :
« Tenez-vous donc, que j'dis. » — « Pardon,
Qu'il me répond, sur ma parole,
J' vous prenais pour un édredon. »
Je sens deux coudes dans mes côtes,
Un ceinturon dans l'estomac;
Je sens leurs genoux, j' sens leurs bottes,
Et je sens surtout leur tabac.
C'est pas tout, v'là qu'on me chiffonne,
On me chatouille, et je comprends
Que j' suis perdu' !...quand la cloche sonne,
Nous arrivons, il était temps :
Ah! saperlotte! queu voyage!
Etc... etc.

DROLICHON. Comme ça, jeune fille, on vous a un peu chiffonnée?

FRIQUETTE. Ah! j' vous en réponds, allez!

L'HIRONDELLE. Nous avons tant de monde, je suis si bon marché!

FRIQUETTE. Vingt-cinq centimes... Le prix d'une lettre affranchie, quoi!

DROLICHON. Oui, mais dites donc, si vous voyagiez par la poste, il y aurait de l'excédant.

FRIQUETTE. De l'excédant! vous croyez?

DROLICHON. C'est-à-dire que, pour vous affranchir, il faudrait vous couvrir de timbres.

SCÈNE III.

LES MÊMES, LE NOUVEAU TIMBRE-POSTE, *représenté par deux femmes, l'une en Cérès, l'autre en Mercure, et se tenant par la main.*

CÉRÈS ET MERCURE. Des timbres? Présents!

FRIQUETTE. Tiens! qué qu' c'est qu' ça?

L'HIRONDELLE. Le nouveau timbre-poste!

CÉRÈS. Vous l'avez dit.

Air d'*Orphée.*
Au grand concours, notre modèle
Obtint le premier numéro;
Notre image n'est pas nouvelle,
Mais on nous prend pour du nouveau.
ENSEMBLE.
Ah! ah! ah! ah! ah! ah!
Regardez cela.
Le nouveau timbre, le voilà!
Oh! oh! oh! oh! oh! oh!
Ce gentil tableau,
C'est le timbre-poste nouveau!
MERCURE.
Déesse de l'agriculture,
Voilà Cérès aux cheveux roux;
Moi, son copain, je suis Mercure,
Dieu du commerce et des filous.
ENSEMBLE.
Ah! ah! ah! ah! ah! ah?
Regardez cela...
Etc., etc.

FRIQUETTE. Ah! c'te belle dame, c'est l'agriculture?

DROLICHON. Qu'est-ce qu'on dit donc partout que l'agriculture manque de bras? En voilà deux qui ne sont pas trop déjetés.

CÉRÈS. Je m'en flatte!

L'HIRONDELLE. C'est égal, mettre Mercure sur les timbres-poste, c'est une drôle d'idée.

MERCURE. Pourquoi donc? le dieu du commerce...

L'HIRONDELLE. Allez donc coller ça sur une lettre d'amour!

DROLICHON. Bah! l'amour fait aussi son petit commerce.

FRIQUETTE. Et puis, leurs costumes sont fièrement écourtés tout de même.

DROLICHON. En effet, c'est un peu léger.

Air de *Madame Favart.*
Lorsqu'on écrit aux jeunes filles,
Pour ne pas les faire rougir,
Et dans l'intérêt des familles,
On ne devrait pas affranchir.
L'HIRONDELLE.
Ce costume mythologique,
Et sur lequel rien ne rabat,
Outrage la pudeur publique...
DROLICHON.
Et cell' des marchand's de tabac.
ENSEMBLE.
Il blesse la pudeur publique
Et cell' des marchand's de tabac?

(*Les deux personnages du timbre se sauvent en riant, et l'Hirondelle s'éloigne d'un autre côté.*)

SCÈNE IV.

DROLICHON, FRIQUETTE, UN AGENT.

FRIQUETTE. Là, à c't heure, je m'en vas. (*Elle reprend son panier, son parapluie et se dispose à sortir; un agent entre et se met à fouiller Drolichon.*)

DROLICHON. Hein! Quoi? un pick-poket! (*Criant.*) Au voleur!

FRIQUETTE, *criant aussi :* Au voleur!

L'AGENT, *à Drolichon.* Silence!... et laissez-moi faire.

DROLICHON. Comment! vous avez la prétention de me dévaliser en plein soleil!

L'AGENT. Je suis inspecteur de la compagnie des allumettes!

FRIQUETTE. Un inspecteur des allumettes!

DROLICHON. Et vous venez inspecter mes poches!

L'AGENT. C'est le règlement. J'ai pour mission de visiter les appartements, les poches et autres endroits, pour empêcher la fraude.

DROLICHON. C'est de la douane à domicile. Mais je n'ai rien, absolument rien de prohibé sur moi. Voyez plutôt.

L'AGENT, *après l'avoir fouillé.* C'est bien. Maintenant, à votre tour, la paysanne.

FRIQUETTE. Touchez pas!... ou je cogne... Ah! mais! ah! mais!

L'AGENT. De la rébellion!

DROLICHON. A en juger par son embonpoint, ce n'est pas chez elle qu'on peut trouver des allumettes.

L'AGENT. Tout ça ne prend pas, et je tiens à m'assurer...

FRIQUETTE. A bas les pattes, que j' vous dis!

L'AGENT. Prenez garde!... si vous résistez, je vous conduis au poste.

FRIQUETTE, *très émue.* Au poste!... moi qu'a été rosière!... Au poste!... ah! seigneur Dieu! mes jambes s'en vont... je n' me soutiens plus (*Poussant des cris.*) Ah!... ah!... ah!...
(*Elle tombe dans les bras de Drolichon.*)

DROLICHON. Une syncope ! (*A l'agent, d'un ton suppliant.*) Monsieur l'inspecteur, je vous en conjure...

L'AGENT. Suffit !... je vous laisse... (*A part.*) En v'là des grimaces !... (*Il sort.*)

DROLICHON, *soutenant toujours Friquette.* Sapristi !... Et pas la moindre chose à lui faire renifler !... Il faut pourtant la secourir... Un médecin !... où y a-t-il un médecin ?

SCÈNE V.

DROLICHON, FRIQUETTE, UN MÉDECIN.

LE MÉDECIN, *entrant.* Un médecin ! voilà !

DROLICHON. Ah ! vite docteur ; cette intéressante villageoise vient de tomber en pamoison, et il faudrait...

LE MÉDECIN. Quelle heure est-il ?

DROLICHON. Vous êtes pressé ?... On vous attend chez un malade ?... Mais d'abord veuillez me prescrire...

LE MÉDECIN. Quelle heure est-il ?

DROLICHON, *à part.* Est-il tannant ! (*Haut.*) Onze heures un quart.

LE MÉDECIN. Du matin ?

DROLICHON. Tiens, cette bêtise ! puisqu'il fait jour.

LE MÉDECIN. En ce cas, je ne puis donner mes soins à cette jeune fille.

DROLICHON. Pourquoi ça ?

LE MÉDECIN. Je suis un médecin de nuit.

DROLICHON. Un médecin de nuit ?

LE MÉDECIN. Oui, Monsieur, je n'exerce que de minuit à six heures du matin, inclusivement.

DROLICHON. Sac à papier ! nous voilà bien !... Cette pauvre jeunesse...

FRIQUETTE, *se relevant.* N' vous faites pas de bile !... ça va mieux.

DROLICHON. Ah ! Dieu soit loué !.. J'en avais mal à la saignée !..

LE MÉDECIN. Bonjour !... Je vais me coucher.

DROLICHON. Pardon, docteur, un mot encore.

LE MÉDECIN, *revenant.* Que voulez-vous ?

DROLICHON. Une simple explication. Il y a donc maintenant des médecins de jour et des médecins de nuit ?

LE MÉDECIN. C'est clair ! Les médecins qui ont exercé le jour, ayant besoin de se reposer pendant la nuit, il a été décidé qu'il y aurait des médecins qui exerceraient la nuit et se reposeraient pendant le jour.

FRIQUETTE. Comme les garçons boulangers.

LE MÉDECIN. C'est cela même.

DROLICHON. Diable ! mais en cas d'indisposition, c'est très-embarrassant, car si, la nuit, le médecin de nuit est occupé ailleurs, le médecin du jour, qui n'exerce que le jour, refusera de se lever la nuit, parce que la nuit n'est pas le jour.

LE MÉDECIN. Ceci est l'affaire des malades.

DROLICHON. Franchement, voilà une nouvelle mesure qui a ses inconvénients.

FRIQUETTE. Mais qu'a aussi son bon côté.

DROLICHON. Son bon côté ?

FRIQUETTE. Pardi ! ça peut servir à ben du monde.

Air : *Les cinq codes que je me flatte.*

Aux amoureux c'te mode nouvelle
Plaira beaucoup, c'est évident ;
Une femme pourra chez elle,
La nuit, recevoir un galant.
Sur l' balcon, au lieu de s' morfondre.
L'amant pincé par l'époux, à minuit,
Pour s'excuser, pourra répondre :
Je suis le médecin de nuit !
Oui, l'amoureux pourra répondre :
Je suis le médecin de nuit !

LE MÉDECIN. Elle a raison !... c'est très-ingénieux !...

DROLICHON. Très-futée, l'ancienne rosière !

SCÈNE VI.

LES MÊMES, CHAMPIGNOL.

CHAMPIGNOL, *dans la salle aux fauteuils d'orchestre.* Pardon !... pardon !... Je demande à faire une observation.

DROLICHON. Hein ?... qui est-ce qui nous interpelle ?

CHAMPIGNOL, *se levant.* Moi, — par ici, à l'orchestre, fauteuil 53.

DROLICHON. Comment, c'est vous, monsieur Champignol, un habitué, qui interrompez le spectacle ?

CHAMPIGNOL, *criant.* L'auteur ! l'auteur !... Je demande l'auteur !

DROLICHON. Mais ce n'est pas le moment !... Plus tard, quand la pièce sera finie.

CHAMPIGNOL. Tout de suite !... J'ai à lui parler.

DROLICHON. L'auteur n'est pas au théâtre... Il est au café, en train de consommer des bocks, pour noyer son émotion.

CHAMPIGNOL. Qu'on aille le chercher !

DROLICHON. Mais c'est impossible.

CHAMPIGNOL. Eh bien, quand vous le verrez, vous lui direz de ma part que c'est un farceur.

DROLICHON. Oh !

CHAMPIGNOL. Un galopin.

DROLICHON. Oh !

CHAMPIGNOL. Comment, il s'engage à nous donner du nouveau, et il ne nous sert que des vieilleries !

DROLICHON. Des vieilleries !... — Des décors absolument neufs... Des costumes d'une entière fraicheur, et des femmes...

CHAMPIGNOL, *l'interrompant.* Il ne s'agit pas de ça... Je vous parle de la pièce... L'auteur m'avait promis qu'il n'y aurait pas de compère... Et vous êtes un compère...

DROLICHON. Sans doute, mais...

CHAMPIGNOL. Et vous avez le toupet d'appeler ça du neuf !...

DROLICHON. Pardon, mais vous-même, ce que vous faites en ce moment, c'est une scène dans la salle...

CHAMPIGNOL. Eh bien, après ?

DROLICHON. Eh bien, croyez-vous que ce ne soit pas bien usé ?

CHAMPIGNOL. Usé !... usé !...

DROLICHON. D'ailleurs, on connaît vos motifs... Tout ça, c'est des histoires de femmes.

CHAMPIGNOL. Comment, comment, des histoires de femmes !

DROLICHON. Certainement !... Vous cherchez à faire une cabale, parce que la direction n'a pas voulu engager mademoiselle Emma, votre protégée.

CHAMPIGNOL, *se tournant vers le public.* Ce n'est pas vrai !... Ne le croyez pas !... — D'ailleurs, mademoiselle Emma est engagée au Théâtre-Français.

DROLICHON. Oui, le troisième !... boulevard du Temple...

CHAMPIGNOL, *furieux.* Monsieur !

DROLICHON. Voyons, calmez-vous !... tenez-vous tranquille.. laissez-nous continuer.

CHAMPIGNOL. Soit !... Je me tais, je ne souffle plus mot... Mais je vous en préviens, si ça va comme ça jusqu'au bout (*montrant une clef qu'il tire de sa poche*), je joue du galoubet ! (*Il se rassied.*)

DROLICHON. Vous serez le seul, monsieur, le seul ! (*Se tournant vers la coulisse.*) Allons, mes enfants, continuons ! continuons !

SCÈNE VII.

DROLICHON, UN CONCIERGE, UNE AUVERGNATE, UN COCHER DE FIACRE, UNE CUISINIÈRE, UNE NOURRICE, UN GARÇON DE CAFÉ. (*Chacun des personnages porte une bannière sur laquelle on lit Congrès des concierges, congrès des cuisinières, congrès charbonniers, congrès des nourrices, etc., etc.*)

CHŒUR.

Air : *Gardons la douce espérance* (*Moulin du Vert-Galant*).

Voici l'heur' de la séance,
Rendons-nous vite au congrès,
Pour faire assaut d'éloquence
Et défendr' nos intérêts !

DROLICHON. Des gens avec des bannières !... Pardon, mesdames et messieurs, qui êtes-vous ?

LE COCHER. Comment ! vous ne voyez pas ?

LA NOURRICE. Mais ça saute aux yeux.

LA CUISINIÈRE. Vous ne savez donc pas lire ?

DROLICHON. Si fait !

LE CONCIERGE. En ce cas, lisez nos écriteaux.

DROLICHON, *lisant.* « Congrès des concierges. » Ah ! bah ! messieurs les concierges ont un congrès ?

LE CONCIERGE. Même que j'en suis le président.

DROLICHON, *saluant.* Recevez mes félicitations pour votre nouvelle dignité... Je vois que le cordon mène à la sonnette. (*Passant à un autre.*) Et ici... (*lisant*) « Congrès des cuisinières, congrès des cochers, congrès des garçons de café, congrès des nourrices... »

L'AUVERGNATE. Et congrès des charbognia, dont on m'a *élute* préjidente.

DROLICHON. Jusqu'aux auvergnats !... Ah ! bon Dieu, quel déluge de congrès !

LE COCHER. Tiens, pourquoi donc que nous n'en aurions pas ?

LE CONCIERGE. Les grandes puissances en ont bien.

LE GARÇON DE CAFÉ. Nous avons voulu nous payer chacun le nôtre.

L'AUVERGNATE. A l'inchtar de celui des ouvriers.

DROLICHON. Vous en avez le droit. — Mais, dites-moi, quel est le but de ces divers congrès ?

LE GARÇON DE CAFÉ. Le but ? mais c'est bien simple.

LA CUISINIÈRE. C'est d'améliorer notre position.

TOUS LES CONGRÈS, *parlant en même temps.* Oui, nous voulons, nous demandons, nous proposons...

DROLICHON. Pas tous à la fois !... Chacun aura son tour. — Vous, d'abord, monsieur le Pipelet, vous avez la parole.

LE CONCIERGE, *après avoir toussé*. Hum !... hum !... Depuis longtemps les concierges sont opprimés...

DROLICHON. Vraiment ?... Je ne m'en doutais pas.

LE CONCIERGE. Ce sont de misérables esclaves forcés de tirer le cordon, même après minuit, et de tenir propres les escaliers d'une maison. Les locataires se croient quittes envers eux parce qu'ils leur donnent de mesquines étrennes et une bûche par voie de bois. Voici la motion que je propose de faire au congrès: primo, une voie de bois par hiver; secondo, les locataires seront tenus de rentrer à dix heures du soir; enfin, pour ce qui est des escaliers, chaque locataire frottera son étage.

DROLICHON. Très-bien. (*Au garçon de café*.) Et vous ?

LE GARÇON DE CAFÉ. Moi, je demande, au nom des garçons de café, que les pourboires soient doublés, et quatre jours de sortie par semaine, — voilà.

DROLICHON. C'est très-raisonnable.

LE COCHER. Nous, les cochers, nous voulons partager le prix des courses avec les patrons, et ne pas sortir quand il pleut.

DROLICHON. Et vous, la cuisinière, quels sont vos griefs ?

LA CUISINIÈRE. Mes griefs, c'est que les bourgeoises sont trop chipotières. — Je réclame une augmentation de gages, et la liberté de l'anse du panier.

LA NOURRICE. Quant aux nourrices, elles ne veulent plus se charger d'un moucheron, à moins de cent francs, quatre pains de sucre et vingt livres de savon par mois.

DROLICHON. Compris !... vous demandez tous de l'augmentation.

TOUS. Certainement, c'est trop juste !

L'AUVERGNATE. Nous j'autres, les charbognias, ch'est différent. — Che que nous voulons, che n'est pas de l'augmentachion, ch'est de la diminuchion, au contraire.

DROLICHON. De la diminution !...

L'AUVERGNATE. Oui, de la diminuchion... de peine, de fatigue, bien entendu.

DROLICHON. Comment ça ?

L'AUVERGNATE. Vous ne comprenez pas ? ch'est pourtant clair comme de l'eau filtrée. — Quand les pratiques achètent chez nous du charbon et du bois, qu'èche qui le monte chur des crochets ? ch'est nous, les pauvres charbognias.

DROLICHON. Sans doute.

L'AUVERGNATE. Quelquefois à des chinq ou six étages, que ch'est éreintant, que cha nous met tout en nage.

DROLICHON. Dame !... c'est votre métier.

L'AUVERGNATE. Les Auvergnats ne chont pas des bêtes de chomme !... Et je demande que déjormais cha soit les pratiques qui montent chez eusses le bois et le charbon.

DROLICHON. Les pratiques !...

L'AUVERGNATE. Et allez donc, fichtra !

TOUS. Elle a raison !

LE CONCIERGE.

Air : *les gandins se mettent en frais*.

Formons tous, formons des congrès,
Pour chacun voilà le progrès !

TOUS ENSEMBLE.

Formons tous, formons des congrès,
Pour chacun voilà le progrès !

LA CUISINIÈRE.

Dans leur cuisin' les cuisinières
Pourront r'cevoir des militaires,
Et leur offrir à déjeuner,
Sans qu' madame ait l' droit d' bougonner.

ENSEMBLE.

Formons tous, formons des congrès,
Etc., etc.

LE CONCIERGE.

Si des locataires, nos maîtres,
Nous lisons les journaux, les lettres,
Ces messieurs sont très-mécontents;
D' réformer ça j' dis qu'il est temps.

ENSEMBLE.

Formons tous, formons des congrès,
Etc., etc.

L'AUVERGNATE.

Pour moi qui ne chuis pas manchote,
Dans le dischours que je mijote,
Je vas tomber chur les chalands,
Et j' réponds qu'i' n' cheront pas blancs !

ENSEMBLE.

Formons tous, formons des congrès,
Etc., etc.

DROLICHON.

Oui, les congrès, cela vous grise,
Mais permettez que je le dise,
C'est un moyen bien décevant.
Et qu'en sort-il souvent ?
Du vent !

TOUS, *parle*. Allons donc !

L'AUVERGNATE. Laichez-nous donc tranquilles avec vos bêtises !

LE CONCIERGE. Vive les congrès !

TOUS. Vive les congrès !

REPRISE DE L'ENSEMBLE.

Formons tous, formons des congrès,
Pour chacun voilà le progrès !

(*Les congrès sortent. — Le théâtre change.*)

DEUXIÈME TABLEAU

Une rue en démolition.

SCÈNE PREMIÈRE

DROLICHON, OUVRIERS, *armés de pioches, puis* LA REVUE.

CHŒUR.

Air : *Pan, pan, c'est la Fortune.*

Pan ! pan ! vite à l'ouvrage !
Pan ! pan ! démolissons !
Pan ! pan ! avec courage,
Pan ! pan ! cognons, frappons !

DROLICHON. Saperlotte !... quelle poussière ! que de plâtras, de décombres ! où suis-je donc ?

LA REVUE, *entrant*. Où tu es ? mais parbleu ! à la Butte des Moulins !

DROLICHON. La Butte des Moulins !

LA REVUE. Qu'on est en train de démolir et de niveler pour faire place à l'avenue de l'Opéra.

CHAMPIGNOL, *à l'orchestre*. Ah ! bon ! ah ! bien !... de plus fort en plus fort !

DROLICHON. Comment, encore vous !... mais taisez-vous donc !

CHAMPIGNOL. Ce n'était pas assez d'un compère, voilà maintenant le rôle à baguette !

LA REVUE. C'est moi qui vous offusque, monsieur ?

CHAMPIGNOL. Pas personnellement, madame !... Comme femme, vous avez droit à tous mes éloges. Vous êtes charmante, adorable, et je vous crois infiniment de talent.

LA REVUE. Trop aimable!

CHAMPIGNOL. Mais c'est à votre rôle que j'en ai...

LA REVUE. A mon rôle ?

DROLICHON, *avec colère, à Champignol*. Mais sapristi !... est-ce que vous allez nous interrompre tout le temps ? Je vous préviens que si vous continuez, je vais prier l'officier de paix de vous faire sortir.

CHAMPIGNOL. Me faire sortir, moi, un habitué ! Quand j'ai payé six francs pour voir la revue !

DROLICHON. Alors, asseyez-vous, et faites-nous grâce de vos observations saugrenues.

CHAMPIGNOL. Vous êtes un insolent !

DROLICHON. Et vous un malôtru !

LA REVUE. Messieurs !... messieurs !... de grâce, pas de scandale !

CHAMPIGNOL. Par égard pour madame, je ne relève pas l'épithète... Je me rassieds, je ne dis plus rien.

DROLICHON. C'est heureux !... (*A la Revue.*) Où en étions-nous ? (*Au souffleur.*) Soufflez donc !...

LE SOUFFLEUR, *passant sa tête hors du trou*. ...Qu'on est en train de démolir...

LA REVUE, *reprenant*. Qu'on est en train de démolir et de niveler pour faire place à l'avenue de l'Opéra.

DROLICHON. Ah ! oui, en effet, j'ai entendu parler de ce projet. (*Bruit de sanglots dans la coulisse.*) Qui est-ce qui geint comme ça ?

LA REVUE. C'est la victime du nouvel arrêté, la Butte des Moulins.

SCÈNE II.

LES MÊMES, LA BUTTE DES MOULINS.

LA BUTTE DES MOULINS.

Air : *dd la Mère au bal.*

Ah ! ah ! ah ! quelle bagarre !
Pour moi (*bis.*) quel sort fatal !
Ah ! ah ! ah ! ah ! qu'il est barbare,
Notre conseil municipal !
Ah ! ah ! ah ! ah ! qu'il me fait mal !
Ah ! ah ! ah ! ah ! quel sort fatal !

Des ouvriers au cœur de roche
J'entends retentir les marteaux,
Et chacun de leurs coups de pioche
Me brise le cœur et les os !
Ah ! ah ! ah ! ah ! quelle bagarre, etc., etc.

DROLICHON. Allons, allons, ne vous désolez pas ainsi !

LA BUTTE DES MOULINS. Ne pas me désoler !... quand je suis livrée aux démolisseurs !...

LA REVUE. Oui, je comprends vos traverses... Il n'est pas agréable d'être démolie.

LA BUTTE DES MOULINS. Ah ! j'en suis toute bouleversée !

DROLICHON. Franchement, votre quartier manquait un peu d'élégance.

LA BUTTE DES MOULINS. J'en conviens... Mes maisons étaient bien vieilles... mais, que voulez-vous? je les avais vu bâtir... j'y étais attachée... et chaque fois que j'en vois une s'écrouler sous leurs affreux marteaux, c'est comme si on me cassait un bras ou une jambe.

DROLICHON, *galamment*. Heureusement, il n'en est rien.

LA BUTTE DES MOULINS. Et puis, ça me rappelait tant de doux souvenirs... les jours de fête, de bombance...

LA REVUE. Le temps où vous aviez des moulins...

LA BUTTE DES MOULINS. Par dessus lesquels je jetais mon bonnet.

LA REVUE. Et plus tard, c'est par dessus votre bonnet qu'on a jeté vos moulins.

LA BUTTE DES MOULINS. Ah! c'était le bon temps, celui-là!

Air : *de la ronde du Vert-Galant.*

Alors, j'étais renommée
Dans les quartiers d'alentour ;
J'étais la guinguette aimée
De Bacchus et de l'amour.
Ma cave, selon l'usage,
Avait des vins généreux,
Et mes bosquets de l'ombrage
Pour cacher les amoureux.
Aussi, aussi...
Gaiement, gentils pèlerins
Et mainte fillette
Accouraient à la guinguette
De la butte des Moulins!
Oui, de la grisette,
C'était la guinguette!
REPRISE ENSEMBLE.
Gaiement, gentils pèlerins, ect.

LA BUTTE DES MOULINS.
Là, point de froide étiquette,
Point de gêne, d'embarras ;
La friture et la galette
Faisaient les frais du repas.
Puis, on dansait en cadence,
Et j'entendais se croiser
Avec les sons de la danse
Le bruit de plus d'un baiser.
Aussi, aussi...
Gaiement, gentils pèlerins
Et mainte fillette
Accouraient à la guinguette
De la butte des Moulins!
Oui, de la grisette,
C'était la guinguette!
REPRISE ENSEMBLE.

LA BUTTE DES MOULINS. Mais je ne suis pas la seule affligée... d'autres gémissent comme moi de ces démolitions.

DROLICHON. Et qui donc?

LA BUTTE DES MOULINS. Les expropriés... Et tenez, ceux-là d'abord.

DROLICHON. Les rats!...

SCÈNE III.

Les Mêmes, DEUX RATS.

LES RATS.
Air : *les Gueux.*

Des rats, des rats,
Adieu les ébats!
Des cœurs scélérats
Chassent les rats!

LE PREMIER RAT.
Nous voilà sans domicile ;
Par de cruels ouvriers,
De la cave, notre asile,
Nous sommes expropriés.
ENSEMBLE.
Des rats, des rats, etc.

LE DEUXIÈME RAT.
Chassés de chaque masure,
Hélas! que deviendrons-nous?
Nous errons à l'aventure,
A la merci des matous.
ENSEMBLE.
Des rats, des rats, etc.

DROLICHON. Ah! ces pauvres petits rats !

LA REVUE. Ils sont très-gentils.

DROLICHON. Leur situation me navre.

SCÈNE IV

Les Mêmes, LE GAGNE-PETIT, *puis* CORNEILLE.

LE GAGNE-PETIT, *entrant*. Et la mienne, donc, monsieur! croyez-vous qu'elle soit moins intéressante ?

DROLICHON. Quel est ce particulier?

LA BUTTE DES MOULINS. Encore un exproprié... le Gagne-Petit.

DROLICHON. Un rémouleur ?

LE GAGNE-PETIT. Mais non, un magasin de nouveautés... Depuis de longues années, j'étais établi rue des Moineaux. Les clients connaissaient ma maison, une maison de confiance... ils venaient chez moi acheter de confiance, toujours de confiance... et l'on m'a donné congé, il faut que je déménage pour cause d'utilité publique!

LA REVUE. Allons, allons, ne vous en plaignez pas trop!... Vous avez reçu une forte indemnité.

DROLICHON. Ça vous permettra de vous établir richement ailleurs.

LE GAGNE-PETIT. Rien ne remplacera ma boutique sans glaces, sans dorure... une boutique de confiance.

DROLICHON. Bah! laissez donc!

Air : *Qu'il est flatteur d'épouser celle.*
Vous n'avez pas le droit de geindre.
LA REVUE.
C'est aussi mon opinion ;
Il vous siérait mal de vous plaindre
De cette expropriation ;
Car l'indemnité, mon brave homme,
Vient d'augmenter vos capitaux...
DROLICHON.
Et dans tout ça, je vois qu'en somme
Le Gagne-Petit gagne gros.

CORNEILLE, *entrant et déclamant*.
Vraiment, c'est assommant! qu'on me laisse tranquille!
Je ne puis aujourd'hui faire un pas dans la ville
Sans qu'aussitôt manant, bourgeois ou bachelier,
M'interroge au sujet de mon pauvre soulier.

DROLICHON. Tiens ! qui est-ce qui parle en vers?

LA BUTTE DES MOULINS. Saluez! c'est Corneille.

DROLICHON. Corneille!... le grand Corneille! l'auteur du *Cid*?

LA BUTTE DES MOULINS. Lui-même, dont on vient d'abattre la maison, rue d'Argenteuil.

DROLICHON, *saluant*. Ah! monsieur Corneille, je ne m'attendais pas à l'honneur de vous rencontrer!... Enchanté de vous voir!... Ça me procure l'occasion de vous demander un petit renseignement.

CORNEILLE. Lequel ?

DROLICHON. Voilà !... On parle beaucoup de vous depuis quelque temps dans le *Figaro*.

CORNEILLE. A propos de mes tragédies?

DROLICHON. Non, à propos de votre soulier.

CORNEILLE, *avec impatience*. Encore!

DROLICHON. Monsieur Auguste Vitu, un critique de beaucoup de talent...

CHAMPIGNOL, *dans la salle*. De la réclame, à présent!... C'est pour avoir de bons articles.

DROLICHON. Mais, silence donc!... c'est insupportable! (*A Corneille.*) Monsieur Auguste Vitu prétend que vous étiez dans l'indigence.

CORNEILLE. Ah !

DROLICHON. D'un autre côté, monsieur Sardou soutient que, loin d'être pauvre, vous aviez au moins douze mille livres de rentes.

CORNEILLE. Douze mille livres de rentes!

DROLICHON. Mais monsieur Edouard Fournier, autre critique de beaucoup de talent, le rédacteur de la *Patrie*, affirme que vous étiez très-gêné, très-gêné, et que l'histoire du soulier raccommodé est vraie.

CORNEILLE, *déclamant*.
Le temps a beau marcher, toujours ce soulier-là,
Eternelle légende, à mon pied restera !

DROLICHON, *à part*. Il a la manie des alexandrins... c'est son tic!... (*Haut.*) Voyons, monsieur Corneille, dites-nous la vérité... Etiez-vous pauvre, étiez-vous à votre aise?

CORNEILLE, *après un temps*. On n'a jamais pu savoir! (*Il sort.*)

DROLICHON. Me voilà joliment renseigné !

LA REVUE. Du moins, si l'on a démoli sa maison, il y aura la rue Corneille.

LA BUTTE DES MOULINS. Mais moi, qui me remplacera?

LA REVUE. L'avenue de l'Opéra! regardez! (*Elle lève sa baguette. Le décor change et représente l'avenue de l'Opéra, brillamment illuminée.*)

TROISIÈME TABLEAU
(*Rentrée de tous les personnages de l'acte.*)
CHŒUR GÉNÉRAL.
Air : *Maître, nous n'avons plus d'amour* (Boîte au lait).
Ah! quel spectacle merveilleux,
Et quelle superbe avenue!
Cet aspect est prodigieux,
Il séduit, éblouit la vue!
Ah! c'est fastueux!
Merveilleux!

(*Le rideau baisse.*)

ACTE DEUXIÈME

QUATRIÈME TABLEAU

Un petit salon. — Une chaise à droite, à l'avant-scène, deux autres chaises à gauche.

SCÈNE PREMIÈRE

LA REVUE, DROLICHON.

LA REVUE, *entrant la première, et à Drolichon.* Par ici !... par ici !... suis-moi !

DROLICHON. Pas si vite, donc ! je suis essoufflé...

LA REVUE. Tu te reposeras dans un moment... car je t'ai conduit ici pour faire partie d'un jury.

DROLICHON. D'un jury !... ah ! sapristi ! les émotions de la cour d'assises ne me vont guère... ça manque de gaieté.

LA REVUE. Rassure-toi !

Air : *J'ai eu le Parnasse des dames.*

Le tribunal où je t'amène,
J'en réponds, n'a rien d'attristant ;
De la gaieté c'est le domaine,
A tout on procède en chantant.
Point de morgue dans l'auditoire,
Les juges siégent sans façon ;
Enfin, dans ce joyeux prétoire,
On ne juge que des chansons.

DROLICHON. Comment, des chansons ! Je vais donc assister...

LA REVUE. Au concours des chansons de l'Eldorado.

DROLICHON. Ah ! bon !... J'y suis, à présent ! Il s'agit du prix que ce café-concert doit décerner à la meilleure chanson ?

LA REVUE. Précisément.

DROLICHON. Bravo !... En ma qualité de compère de revue, j'adore les ponts-neufs. (*Chantant.*)

Et flon, flon, flon, larira dondaine,
Et gai, gai, gai, larira dondé.

LA REVUE. Te voilà dans ton élément... Mais la séance va commencer, je te laisse.

DROLICHON. Eh quoi ! tu t'en vas ? Tu n'assistes pas au concours ?

LA REVUE. Sois tranquille !... Je ne m'éloigne que pour quelques instants.

Air :

Le concours va commencer,
Prends un siége et sois allègre ;
Puis, d'une manière intègre,
Tâche de te prononcer !
DROLICHON.
Ne crains rien, mon devoir m'est cher,
LA REVUE.
C'est bien !... adieu, je te salue.
DROLICHON.
Mais au revoir ?
LA REVUE,
Parbleu ! c'est clair,
Car nous sommes gens de revue.
ENSEMBLE.
Le concours va commencer, etc.
DROLICHON.
Le concours va commencer.
Ça me rend l'esprit allègre,
Et, d'une manière intègre,
Je saurai me prononcer.

(*La Revue sort.*)

SCÈNE II

DROLICHON, puis DEUX JURÉS.

DROLICHON, *seul.* Tiens, un concours de chanson, ça doit être amusant... ça me distraira. (*Voyant entrer deux jurés.*) Oh ! attention !... voici quelqu'un.

PREMIER JURÉ, *entrant avec le second juré.* (*Ils sont en longues robes de juges bariolés comme des mirlitons, avec des bonnets carrés de la même couleur.*) Collègue, prenons place.

DROLICHON, *à part.* C'est sans doute deux membres du jury. (*S'approchant et saluant.*) Messieurs...

LES DEUX JURÉS, *saluant.* Monsieur...

DROLICHON. Vous venez assister au concours de l'Eldorado ?

PREMIER JURÉ. Justement, nous sommes les jurés chargés de décerner le prix.

DROLICHON. Je m'en doutais.

PREMIER JURÉ. Et vous, monsieur ?

DROLICHON. Moi, je suis un juré supplémentaire.

PREMIER JURÉ. Ah ! fort bien... En ce cas, allez vous asseoir.

DROLICHON. M'asseoir !... où ça ?

PREMIER JURÉ, *désignant la chaise placée à droite.* Là-bas, sur cette chaise.

DROLICHON. Merci... bien obligé. (*Il va s'asseoir.*)

PREMIER JURÉ, *à son collègue.* Et nous, de ce côté. (*Ils s'asseyent sur les deux chaises placées à gauche, à l'avant-scène. On entend la ritournelle du chœur suivant.*)

PREMIER JURÉ. Ah ! voici les concurrents.

SCÈNE III.

LES MÊMES, UN GAMIN, UNE ROSIÈRE, UNE MARCHANDE DE LA HALLE, UN POMPIER, ET AUTRES CHANSONS, *sous divers costumes et représentées par des femmes.*

CHŒUR.

Air : *du Palanquin* (Barbe-Bleue).

Gai ! gai ! battez tambourins !
En avant les gais refrains !
Le concert va s'ouvrir,
Et nous accourons pour concourir !

PREMIER JURÉ, *se levant.* Mesdames et messieurs, j'avais préparé pour la circonstance un discours de six cents pages sur les origines de la chanson...

TOUS, *murmurant.* Oh !

PREMIER JURÉ. Malheureusement, avant de partir de chez moi, il m'a été impossible de mettre la main dessus.

TOUS, *avec satisfaction.* Ah !

PREMIER JURÉ. Nous allons donc procéder tout de suite et à tour de rôle à l'audition des chansons. (*Se rasseyant et appelant.*) Numéro un !

LE GAMIN, *s'approchant.* Numéro un ?... Voilà !

PREMIER JURÉ. Quel est le titre de votre chanson ?

LE GAMIN. Le Gobelet de la fontaine Wallace.

DROLICHON. Le Gobelet de la fontaine Wallace !... Avec ce sujet-là, on doit décrocher la timbale !

PREMIER JURÉ. Silence ! n'influencez pas les juges !

LE GAMIN, *au chef d'orchestre.* Allons-y, mon petit père !

CHANSON

Air nouveau de M. Villebichot.

I

Cré coquin ! par cette chaleur,
V'là qu'on fait queue à la fontaine,
Et chacun dispute au buveur
Le gob'let ret'nu par un' chaîne.
— A moi, dis-je, en pinçant le bras
D'une tillett' qui n'est pas mouche ;
Après vous !... mais n'essuyez pas
Le bord qu'a pressé votre bouche.
Passez-moi l'gob'let.
Mamzell', si vous plaît !
Passez, tel qu'il est,
Passez-moi l'gob'let !

II

Je remplis le verre et, du coup,
J'aval' le bouillon de grenouille,
Puis, un second... quand tout à coup,
Dans le dos je sens qu'on m'chatouille.
Je me r'tourne, et qu'est-ce que j'vois ?
C'était une femme du monde
Qui me dit, d'une douce voix,
En m'faisant de l'œil à la sonde :
— Passez-moi l'gob'let,
Jeune homm', si vous plaît !
Passez, tel qu'il est,
Passez-moi l'gob'let !

DROLICHON, *applaudissant.* Brazo !... bravo !...

PREMIER JURÉ. Mais silence donc, vous là-bas !

DROLICHON. C'est juste !... n'influençons pas les...

PREMIER JURÉ, *appelant.* Le numéro deux !...

LA ROSIÈRE, *s'approchant, les yeux baissés.* Le numéro deux ? C'est moi !... me v'là !

DROLICHON, *à part.* Elle est gentille !

PREMIER JURÉ. Approchez, et dites-nous votre chanson.

LA ROSIÈRE. Bien volontiers. (*Annonçant le titre de la chanson.*) La Rosière de Chatou.

DROLICHON, *à part.* Ça doit être d'une innocence !

LE ROSIÈRE.

Air de M. Hervé.

Margot, prends garde à ton bouquet !
C'est d'main qu'on doit t'nommer rosière,
Ne va pas avec c't affiquet
T'pom'ner au bord de la rivière.
Pour effeuiller un' fleur, souvent,
Il ne faut hélas ! qu'un coup d'vent,
Ou qu'un faux pas dans une ornière.
— Bah ! laissez-donc ce bouquet-là,
C'est pas le vent qui l'effeuill'ra !
La ou di ou la ou di ou la ou la (*Bis.*)
C'est pas le vent qui l'effeuill'ra !

II

Margot revint sans son bouquet,
Sa toilette était chiffonnée ;
Le lend'main, c'est à Lis' Friquet
Que la rose était décernée.

Margot cherchait ses fleurs partout ;
Mais les canotiers de Chatou,
Riant d'sa mine consternée :
Ah ! disaient-ils, c'beau bouquet-là,
Bien malin qui le r'trouvera ?
La ou di ou la ou di ou la ou la. (*Bis.*)
Bien malin qui le r'trouvera !

DROLICHON. Très-bien ! très-bien !... un peu croustillant, mais...

PREMIER JURÉ, *l'interrompant.* Passons à un autre !...

SCÈNE IV.

LES MÊMES, L'AMANT D'AMANDA.

L'AMANT D'AMANDA, *entrant.* Un instant !... me voilà, moi !

TOUS. Un intrus !

PREMIER JURÉ. Que demandez-vous ?

L'AMANT D'AMANDA. Parbleu ! je demande à concourir.

PREMIER JURÉ. Vous n'êtes pas sur ma liste.

L'AMANT D'AMANDA. Pas sur votre liste !... moi, le plus grand succès du jour, moi, l'amant d'Amanda !

TOUS. L'amant d'Amanda !

DROLICHON, *se levant et allant à lui.* Comment, vous voilà ici !

L'AMANT D'AMANDA. Je vous avais bien dit que vous me reverriez.

Air : de *l'Amant d'Amanda.*

Sachant que l'Eldorado
Convoquait mainte ariette,
J'accours ici subito
Apporter ma chansonnette...

PREMIER JURÉ. Sortez !... sortez !

DROLICHON. Qu'on le flanque à la porte !

TOUS, *le poussant.* Oui, à la porte ! à la porte !

L'AMANT D'AMANDA, *criant.* C'est une horreur !... c'est une infamie ! (*Il disparaît par la droite. — Tremolo à l'orchestre.*)

DROLICHON. Quel animal !... se présenter ici ! en voilà du toupet !...

L'AMANT D'AMANDA, *reparaissant par la gauche et continuant le couplet.*

Quand, aujourd'hui, de Paris
Les chansons entrent en lice...

DROLICHON. Encore lui !

L'AMANT D'AMANDA.
M'empêcher d'avoir le prix,
Quelle criante injustice !...

PREMIER JURÉ. Chassez-le !... chassez-le ! (*On pousse dehors l'amant d'Amanda, qui disparaît par la gauche.*)

DROLICHON. Quelle teigne !...

PREMIER JURÉ. Par bonheur, le voilà parti.

DROLICHON. Et j'espère qu'il ne reviendra plus !...

L'AMANT D'AMANDA, *reparaissant par le trou du souffleur.*

Voyez ce beau garçon-là,
C'est l'amant d'A..., c'est l'amant d'A...

TOUS. Ah !...

L'AMANT D'AMANDA.
Voyez ce beau garçon-là,
C'est l'amant d'Amanda !

DROLICHON. Attends un peu, toi !... (*Il prend une planche et en frappe sur la tête de l'amant d'Amanda.*)

L'AMANT D'AMANDA, *jetant un cri.* Ah ! (*Il disparaît.*)

DROLICHON. Cette fois, nous en voilà débarrassés.

PREMIER JURÉ. Et maintenant, reprenons nos exercices. (*Appelant.*) Le numéro trois !

LA MARCHANDE DE MARÉE. Me vl'à, mon fiston !

DROLICHON. Une marchande de marée !

LA MARCHANDE DE MARÉE. Ma chanson s'appelle : Il glace, le hareng ! il glace !

SCÈNE V.

LES MÊMES, LA CHANSON FRANÇAISE.

LA CHANSON FRANÇAISE. Eh bien ! eh bien !... mais que chantez-vous donc !... Comment, des gaillardises, des calembredaines !... Ah ça ! mes enfants, vous battez la breloque !

TOUS. Comment ?

LA CHANSON FRANÇAISE. Mais sans doute, vous n'êtes pas du tout dans le programme. On ne doit admettre au concours que des chansons patriotiques.

DROLICHON. Des chansons patriotiques ?

LA CHANSON FRANÇAISE. En voici une !... écoutez !

CHANSON

A LA FRANÇAISE !

Paroles de Georges Clerc, musique de J. Charbonnier.

I

Ils étaient cent, ils étaient mille !
Paris était leur rendez-vous,
Et la gaieté de tous ces fous
Illuminait la grande ville.

Avec des rires libertins,
Ils s'attablaient aux gais festins
Que devant eux servait la vie,
Ils jetaient l'or, et sous leurs doigts,
On entendait bruire à la fois
Tous les grelots de la folie !
Ah ! criaient-ils, sus aux pédants !
Tout le monde en France a vingt ans,
Ne vous déplaise !
Dettes, amours, duels, chansons,
La vie est courte, et nous vivons
A la française !

II

Soudain, parmi ces bruits de fête,
Un cri de guerre résonna,
Et le clairon au loin sonna
Pour la bataille qui s'apprête.
Contre le sac du fantassin
Ils ont troqué leur verre plein,
Ces fous surpris dans leur ivresse !
On les a vus, en tourbillon,
Comme au bal, marcher au canon,
Et traiter la mort en maîtresse !
Leur rire éclairait leur valeur,
Ils s'élançaient gaiement au cœur
De la fournaise !
Couverts de sang, ils plaisantaient ;
Et c'est ainsi qu'ils se battaient
A la française !

TOUS, *applaudissant.* Bravo ! bravo !

PREMIER JURÉ, *se levant.* Au nom du jury de l'Eldorado, je te décerne le prix.

L'AMANT D'AMANDA, *paraissant à la seconde galerie.* Je réclame ! je proteste !

DROLICHON. Comment ! le revoilà encore ?

L'AMANT D'AMANDA. Toujours !

TOUS, *criant.* A la porte ! à la porte ! (*Un inspecteur saisit l'Amant d'Amanda au collet et l'entraîne.*)

DROLICHON. Enfin ! c'est heureux ! (*Tout le monde entoure la chanson française.*)

CHŒUR

Air : des *Diamants de la couronne.*

Cette chanson pleine de cœur
A mérité le prix d'honneur ;
A ce choix si flatteur
Applaudissons avec chaleur !

(*Sortie générale. — Le théâtre change.*)

CINQUIÈME TABLEAU

Une salle du Hammam.

SCÈNE PREMIÈRE.

PLUSIEURS DAMES, *en costume de bain,* puis LE DOCTEUR.

CHŒUR.

Air : d'*Alice de Nevers.*

Vive du Hammam le bain oriental !
Rien n'est plus nouveau, plus original !
Goûtons de ce bain
Qu'on dit souverain,
A la mode enfin
Au quartier d'Antin !
On se baigne ici confortablement,
On reçoit la douche avec agrément !
Vraiment, à Paris,
On est tout surpris
D'avoir à ce prix
Le bain des houris !

LE DOCTEUR, *entrant.* Mes charmantes clientes en costume de bain !... Joli paysage !

PREMIÈRE DAME. Ah ! c'est le docteur !

TOUTES, *l'entourant.* Bonjour, docteur ! bonjour, docteur !

LE DOCTEUR. Bonjour, belles dames !... Eh ! bien, comment vous trouvez-vous du régime du Hammam ?

PREMIÈRE DAME. Ah ! docteur, tâtez donc mon pouls.

LE DOCTEUR. Hum !... hum !... il est bien faible. La douche accélèrera les pulsations.

PREMIÈRE DAME. Vous croyez ?

LE DOCTEUR. J'en réponds.

DEUXIÈME DAME, *lui tendant son poignet.* Et moi, docteur.

LE DOCTEUR, *lui tâtant le pouls.* Diable ! voilà un pouls bien turbulent. La douche le calmera.

TOUTES. Vraiment ?

PREMIÈRE DAME. Mais c'est donc un traitement à deux fins ?

LE DOCTEUR. A deux fins !... C'est le mot.

Air : de *l'artiste.*

Tel est, je le proclame,
L'effet du traitement,
Et sur le pouls, Madame,
Il agit doublement.

> S'il est calme, il l'agite
> Avec célérité.
> Et le calme bien vite
> S'il est trop agité.
> Il le calme ou l'agite,
> Le tout à volonté!

DEUXIÈME DAME. C'est merveilleux!

TROISIÈME DAME, *accent anglais.* Oh! yes! yes!... ce était merveillous! et je avais bien fait de consioulter les petites prospectus de vô.

LE DOCTEUR. Vous ne pouviez agir plus sagement, milady. Les bains du Hammam sont très-hygiéniques. Ils préservent des rhumes, assouplissent l'épiderme, et donnent au roseau la force du chêne.

PREMIÈRE DAME. Alors vous pensez que je pourrai danser tout l'hiver sans avoir la grippe?

LE DOCTEUR. Je vous le garantis.

DEUXIÈME DAME. Je n'aurai plus de crise de nerfs, chaque fois que mon mari me reprochera de trop dépenser pour ma toilette?

LE DOCTEUR. Pas la moindre crise.

TROISIÈME DAME. Et moâ, docteur, je aurai tojors un teint rais et fleuri?

LE DOCTEUR. Toujours! un vrai bouton de rose.

TOUTES. C'est charmant!

TROISIÈME DAME. Pâdon!... je voulais encore demander à vo un petit chose.

LE DOCTEUR. Parlez, milady.

TROISIÈME DAME. Dans le traitement à vô, il n'y avait rien de Shoking?

LE DOCTEUR. De Shoking?... Jamais!

TROISIÈME DAME. On avait parlé à moâ d'un opéréchion orientale.

LE DOCTEUR. Le massage?

TROISIÈME DAME. Yes!... le message... Il inquiétait un peu moâ.

LE DOCTEUR. Crainte chimérique!... Eh! tenez, voilà une de mes clientes qui pourra vous donner des détails.

MADAME DE FOLLEBRAISE, *qui est entrée pendant les derniers mots.* Oui, mesdames, je viens de la salle du message... on vient de me masser.

TOUTES. Ah!

PREMIÈRE DAME. Contez-nous donc ça!

TROISIÈME DAME. Oh! yes! yes!... Contez-nous ça!

MADAME DE FOLLEBRAISE. Voici la chose.

> Air : *Un drôle d'effet (Kosiki).*
>
> Sur des coussins une négresse
> Vous couche d'abord mollement ;
> Et puis, de ses doigts elle presse
> Vos bras, vos jambes fortement.
> On sent bientôt chaque jointure
> Se crisper, craquer
> Et se disloquer ;
> J'en avais une courbature...
> Pourtant,
> Franchement,
> La chose est supportable,
> Même assez agréable ;
> Entre nous ça m'a fait
> Un bien drôle d'effet !

DROLICHON, *passant la tête à la porte de droite.* Pardon! peut-on entrer?

TOUTES LES DAMES. Ciel! un homme! *(Elles se sauvent.)*

SCÈNE II.

LE DOCTEUR, DROLICHON.

DROLICHON. Eh! bien, elles s'envolent!... désolé d'avoir effarouché ces naïades.

LE DOCTEUR. On n'entre pas ainsi dans le salon des dames! c'est inconvenant!

DROLICHON. Mais vous-même, monsieur?...

LE DOCTEUR. Moi, c'est différent... je suis le docteur de l'établissement.

DROLICHON. Ah! mille pardons, j'ignorais...

LE DOCTEUR. Enfin, que désirez-vous? Est-ce un bain, une douche?

DROLICHON. Non, pas pour le moment. Mais j'ai lu vos annonces dans les journaux, j'ai vu vos affiches... de magnifiques affiches coloriées... Et comme je suis à l'affut de toutes les nouveautés, je venais, en amateur, visiter les bains turco-romains.

LE DOCTEUR. Je comprends! vous désirez quelques renseignements?

DROLICHON. C'est ça même, et si vous étiez assez bon pour m'en donner...

LE DOCTEUR. Très-volontiers.

DROLICHON. Mais pas de boniment! La vérité, la vérité toute nue...

LE DOCTEUR. Parbleu! dans une maison de bains!... Notre traitement, mon cher monsieur, est appelé à régénérer l'espèce humaine.

DROLICHON. Vraiment?

LE DOCTEUR. Ainsi, nous avons des spécialités...

DROLICHON. Est-il vrai que, comme on l'assure, votre traitement fasse maigrir?

LE DOCTEUR. Maigrir ou engraisser, au choix des personnes.

DROLICHON. En vérité?... ah! ma foi, je voudrais bien voir ça!

SCÈNE III.

LES MÊMES, MADAME DE SAINTE-ROTONDE, *grosse dame mise à la mode du jour.*

MADAME DE SAINTE-ROTONDE. Le docteur de l'établissement, s'il vous plaît?

LE DOCTEUR. C'est moi, mrdame.

DROLICHON. *A part.* Fichtre! superbe embonpoint!

MADAME DE SAINTE-ROTONDE. Docteur, je voudrais vous consulter, mais... *(elle regarde Drolichon.)*

LE DOCTEUR. Monsieur est un confrère.

MADAME DE SAINTE-ROTONDE. Ah!... voici ce qui m'amène. Je suis mariée.

DROLICHON, *galamment.* J'en fais mon compliment à monsieur votre mari *(à part).* S'il l'a prise au poids, il n'a pas été volé.

MADAME DE SAINTE-ROTONDE. Eh! bien, le croiriez-vous, il m'adresse sans cesse des reproches.

LE DOCTEUR. Des reproches?...

DROLICHON. Et sous quel prétexte?

MADAME DE SAINTE-ROTONÉE. Sous prétexte que je prends trop de développement. Il me larde d'épigrammes : « Tu t'empâtes, tu deviens difforme, tu tournes à l'hippopotame. »

DROLICHON. Oh!

MADAME DE SAINTE-ROTONDE. Et autres aménités de ce genre-là. Enfin, ce sont des scènes continuelles... Et, dans l'intérêt de la paix de mon foyer, je venais, docteur, vous demander...

LE DOCTEUR. De vous faire maigrir?

MADAME DE SAINTE-ROTONDE. Croyez-vous que ce soit possible?

LE DOCTEUR. J'en réponds. Entrez là; on va vous soumettre à la température des vers à soie...

MADAME DE SAINTE-ROTONDE. Des vers à soie?

LE DOCTEUR. Puis, vous passerez à celle des œufs à la coque...

MADAME DE SAINTE-ROTONDE. On va me mettre à la coque?

LE DOCTEUR. Et d'ici à un quart d'heure vous serez fondue de moitié.

MADAME DE SAINTE-ROTONDE. Ah! docteur, que de reconnaissance!... De moitié!... fondue de moitié!... *(Elle sort par la droite.)*

LE DOCTEUR, *criant.* Des trois quarts!... Je vous en donne ma parole?

DROLICHON. Des trois quarts!... comme ça, tout de suite?

LE DOCTEUR. Nos résultats sont immédiats.

DROLICHON. C'est prodigieux!

SCÈNE IV.

DROLICHON, LE DOCTEUR, MADAME DES ÉCHASSES, *personne très-longue, très-maigre, en élégante toilette.*

MADAME DES ÉCHASSES. Monsieur le docteur, je vous prie?

LE DOCTEUR. C'est moi, madame, et voilà mon confrère.

DROLICHON, *à part.* L'autre était une pelote, celle-ci est une épingle.

MADAME DES ÉCHASSES. On m'a parlé de la vertu de vos bains.

LE DOCTEUR. Ils font des miracles.

MADAME DES ÉCHASSES. Regardez-moi, messieurs, on prétend que je suis un peu maigre.

DROLICHON. C'est-à-dire, absence de contours.

LE DOCTEUR. Vous manquez de capitonnage.

MADAME DES ÉCHASSES. Je suis veuve... et je voudrais me remarier... mais mon futur hésite... Il dit que je ne suis pas assez...

DROLICHON. Étoffée.

MADAME DES ÉCHASSES. Et je venais vous demander si vous ne pourriez pas...

LE DOCTEUR. Vous faire engraisser?... Rien de plus facile. Entrez là, et dans un quart d'heure, vous ne serez pas reconnaissable.

MADAME DES ÉCHASSES. Vrai?

LE DOCTEUR. Nous engraissons à vu d'œil.

MADAME DES ÉCHASSES. Ah! quel bonheur! *(Elle sort par la gauche.)*

DROLICHON. Ah! ça, mais c'est donc comme au jardin d'acclimatation, section des volailles?

LE DOCTEUR. Absolument!

SCÈNE V.

LES MÊMES, LES BAIGNEUSES DE LA PREMIÈRE SCÈNE, *avec des burnous par-dessus leurs costumes de bains.* UN DOMESTIQUE NÈGRE, *avec un plateau chargé de gâteaux, de rafraîchissements.*

CHŒUR.

Air : *Sans tambour ni trompette (les Brigands).*

Ah ! quel plaisir de prendre un bain !...
Le bain nous donne de l'entrain,
Et rien, vraiment, n'est plus charmant
Que ce joyeux amusement !

PREMIÈRE DAME. Ah ! cette douche m'a fait un bien !

DEUXIÈME DAME. Et à moi donc ! Je me sens restaurée, régénérée.

MADAME DE FOLLEBRAISE. Je suis d'une force à danser le cotillon pendant trois heures.

TROISIÈME DAME. Aôh ! wery well !... Je avais un appétit à dévorer un gros tranche de rosbiff...

LE DOCTEUR. En attendant, mesdames, si vous voulez prendre des rafraîchissements...

TOUTES. Ah ! oui, oui, des rafraîchissements !

PREMIÈRE DAME. Un verre de malaga.

DEUXIÈME DAME. Avec un biscuit...

TROISIÈME DAME. Des sandwichs.

MADAME DE FOLLEBRAISE. C'est ça !... mangeons !

TOUTES. Buvons !

PREMIÈRE DAME. Et vive le Hammam !

TOUS. Vive le Hammam !

MADAME DE FOLLEBRAISE.

Air : *Ronde de la Petite mariée.*

C'est un plaisir au grand complet
    Qu'ici l'on éprouve,
    Car chacun y trouve
Livres, journaux, divans, buffet,
    C'est, qu'on en convienne,
    Pour la parisienne,
    Le paradis de Mahomet !
      Entrez, entrez !
      Vous causerez
Galment de la dernière course,
    Tout en vous baignant,
    Mesdames, pendant
Que vos maris sont à la Bourse.

TOUTES.

Quand nos maris sont à la Bourse.

ENSEMBLE.

Eh ! gai, gai, gai, gai, gai,
Le Hammam est très-gai !
Eh ! bon, bon, bon, bon, bon,
Le Hammam a du bon !

MADAME DE FOLLEBRAISE.

DEUXIÈME COUPLET.

Ce local a de l'orient
    Toutes les richesses,
    Toutes les ivresses ;
Une femme y trouve, en payant,
    Douche parfumée
    Et liqueur aimée
Que l'on ingurgite en riant.
      Entrez, entrez,
      Vite, accourez,
Quand voici la saison des fêtes,
    Reprendre santé,
    Fraîcheur et beauté,
Pour faire, au bal, maintes conquêtes !

TOUTES.

Pour faire, au bal, maintes conquêtes

ENSEMBLE.

Eh ! gai, gai, gai, gai, gai,
Le Hammam est très-gai !
Eh ! bon, bon, bon, bon, bon,
Le Hammam a du bon !

SCÈNE VI.

LES MÊMES, MADAME DE SAINTE-ROTONDE, ET MADAME DES ÉCHASSES. *Chacune d'elles rentre du côté opposé à celui par lequel elle est sortie. Elles ont aussi troqué leurs toilettes, et chacune a le costume que l'autre avait en arrivant.*

MADAME DES ÉCHASSES. C'est moi !

MADAME DE ROTONDE. Me revoilà !

LE DOCTEUR, *à Drolichon.* Regardez !

DROLICHON. Ah ! saperlotte !... quel changement !

LE DOCTEUR. En un quart d'heure, la maigre s'est remplumée, et la grasse a fondu.

DROLICHON. C'est de la féerie ! (*les regardant plus attentivement.*) Eh ! mais !... eh ! mais !...

LE DOCTEUR. Quoi donc ?

DROLICHON. Ah ! farceur !... Elles ont seulement changé de costumes... C'est un truc !

LE DOCTEUR. Chut !

DROLICHON, *à lui-même.* Croyez donc aux prospectus !

Reprise du refrain de la ronde.

Eh ! gai, gai, gai, gai, gai,
Le Hammam est très-gai !
Eh ! bon, bon, bon, bon, bon,
Le Hammam a du bon !

— CHANGEMENT A VUE. —

SIXIÈME TABLEAU

Petit intérieur rustique. — Porte au fond donnant sur la campagne. — Porte à gauche. — Une fenêtre à droite.

SCÈNE PREMIÈRE.

LA REVUE, *en costume de paysanne. — Elle entre par le fond. Au public :*

C'est moi, la Revue... J'ai pris ce costume de campagnarde pour rattraper Drolichon, notre compère, qui nous a brûlé la politesse. — Ce gros farceur là se disait fatigué... Il nous a déclaré sans façon qu'il était décidé à se retirer à la campagne... Je l'ai laissé aller... car j'avais mon projet. Il y a par ici de grandes manœuvres... Les grandes manœuvres, ça rentre dans mon programme... Et, sans se douter de rien, notre homme restera dans son rôle .. Il sera compère malgré lui.

Air : *Au cabaret.*

Ah ! comme un lâche réfractaire,
Tu rêvais de nous planter là ;
Mais, halte-là, mon cher compère,
Pour te repincer me voilà !
Dans nos rangs il faut que l'on serve
Sans rechigner et sans broncher ;
Et bientôt, avec la réserve,
    Tu vas marcher ! (*bis*).
Oui, bientôt, avec la réserve,
Mon bel ami, tu vas marcher !

Je l'entends !... attention ! (*Elle se tient à l'écart*).

SCÈNE II

LA REVUE, DROLICHON.

DROLICHON, *entrant par le fond.* Ouf !... m'y voici !... J'ai profité d'un entr'acte pour me donner de l'air... Au diable les nouveautés, les inventions de l'année !... J'en ai assez, je suis sur les dents... Et je viens me mettre au vert dans cette maisonnette champêtre qui m'appartient. (*Appelant Jeannette.*)

LA REVUE, *s'approchant et affectant le langage et les allures d'une paysanne.* Me v'là, nout' maître, me v'là !

DROLICHON. Tiens, ce n'est pas Jeannette, ma servante..

LA REVUE. J'vas vous dire, Jeannette est partie pour aller voir sa cousine qu'est malade... au 5e dragons.

DROLICHON. Elle a une cousine dans les dragons ?

LA REVUE. Comme voulant dire son cousin... Et pour lors, elle m'a chargée d'garder la maison à sa place. (*Riant bêtement.*) Hi ! hi ! hi !

DROLICHON, *à part.* Elle est gaie. (*Haut.*) Eh ! bien, mon enfant, va me chercher une bouteille de vin.

LA REVUE. Tout de suite, nout'maître (*Elle entre à gauche.*)

DROLICHON. Le voyage m'a altéré... J'ai une soif de caniche.

LA REVUE, *rentrant avec une bouteille et un verre.* La bouteille demandée.

DROLICHON. Merci, ma fille. (*S'asseyant et se versant à boire.*) Comment t'appelles-tu ?

LA REVUE. Jacqueline la Champenoise... pour vous servir... Hi ! hi ! hi !

DROLICHON, *à part.* Elle a l'air bête... mais elle est Champenoise, c'est son excuse. (*Haut.*) Dis donc, Jacqueline ?

LA REVUE. Nout'maître ?

DROLICHON. Tu as des fossettes tout à fait drôlettes.

LA REVUE. Des fossettes... moi !... Hi ! hi ! hi !

DROLICHON, *lui prenant la main.* Si tu veux être bien gentille, je t'achèterai des boucles d'oreilles en doublé.

LA REVUE. Vrai ?

DROLICHON. A une condition... c'est que tu me laisseras t'embrasser.

LA REVUE. M'embrasser ?... Ah ! bon ! vous êtes un enjoleux, vous !... Hi !... hi ! hi !

DROLICHON, *à lui-même.* C'est une rieuse... ça me va.... Nous vivrons très-bien ici tous les deux... Nous serons très-tranquilles... (*On entend un coup de fusil. —Sautant.*) Ah ! pristi !... Qu'est-ce que c'est que ça ?

LA REVUE, *à part.* Nous y voilà ! (*Haut.*) C'est des chasseurs, ben sûr.

DROLICHON. Des chasseurs !... Mais non !... la chasse est fermée. (*Nouveau coup de fusil.*) Encore !

Air : *Du voyage de Dunanan.*

Que veut dire ceci,
Et d'où vient donc ici
   Ce tapage ?
     LA REVUE.
Mon sang n'a fait qu'un tour !
C'est notre dernier jour,
   Je le gage !
     ENSEMBLE.
   Ah ! grand dieu !
Qui tire en ce lieu,
Et d'où viennent ces coups de feu ?
   Qu'est-ce donc ?
   J'en ai le frisson !
   Attaque-t-on
   Cette maison ?

(La fenêtre s'ouvre brusquement, et un jeune troupier saute dans la chambre.)

SCÈNE III

LES MÊMES, LORIOL.

LORIOL. Ne vous dérangez pas ! c'est moi.

DROLICHON. Un soldat !

LORIOL. Loriol, réserviste de la classe de 1875, actuellement incorporé dans le 3ᵉ de la 4ᵉ du 26ᵉ de ligne.

DROLICHON. Et vous entrez par la fenêtre !

LORIOL. A l'escalade, c'est la consigne.

DROLICHON. Mais on ne pénètre pas ainsi chez les gens... Vous m'avez fait une peur !

LA REVUE. Et à moi donc !

LORIOL. Bah ! à la guerre comme à la guerre !

DROLICHON. Comment, la guerre ?

LORIOL, *allant à la fenêtre et parlant à la cantonade.* Allons, vous autres, faites des meurtrières !

DROLICHON. Des meurtrières !... On va faire des trous à mon mur ?...

LORIOL, *continuant.* Pratiquez une tranchée au bout du jardin !

DROLICHON. Hein !... bouleverser mon jardin !

LORIOL. Puisqu'on va faire le siége.

DROLICHON. Un siége ?...

LORIOL. En règle.

DROLICHON. Nous allons être assiégés ?

LORIOL. Carrément. — Votre bicoque est pour l'instant transformée en une citadelle que l'ennemi va attaquer, et que nous sommes chargés de défendre.

DROLICHON. Sapristi !... mais qui donc s'est permis ?...

LORIOL. Parbleu ! le général en chef... C'est la stratégie qui veut ça... Vous verrez, ça sera très-chaud, très-amusant.

DROLICHON. Par exemple !

LA REVUE, *à part.* Ah ! ah ! il me fait rire !

LORIOL.

Air : *De la marche suisse.*

Pon, pon, pon, pon, pon,
Quel bruit ! quel carillon !
Les affuts, les fourgons,
Entremêlent leurs sons,
Et dans le bois profond,
Au loin l'écho répond :
   Pon, pon, pon, pon !
D'abord c'est l'infanterie,
Sac au dos, de vrais troupiers ;
Puis, après l'artillerie,
Viennent les carabiniers.
Ces gaillards-là, quand sonne la trompette,
Ne sont pas, certe, en retard,
Et comme ceux de certaine opérette,
N'arrivent jamais trop tard.
Chaud, chaud, chaud, chaud, chaud,
   Au grand trot,
   Au galop,
Voilà les cuirassiers
Maîtrisant leurs coursiers ;
Les dragons, les lanciers,
Soldats, officiers,
Tous beaux cavaliers
   Et fiers guerriers.
Au soleil brillent les casques,
Eblouissant les regards ;
Ce sont des flots, des bourrasques
De lances et d'étendards.
Les cuirassiers, les dragons caracolent,
Fêtés comme des vainqueurs,
Et les lanciers, à leurs drapeaux qui volent
Savent fixer tous les cœurs.
   Ran, ran, ran, ran, ran,
Le pied gauche en avant,
Voici les voltigeurs,
Tout petits, mais rageurs ;
Puis, les soldats du train
Dont le fougueux entrain

Produit sur le terrain.
   Un bruit d'airain.
Tous les bataillons se rangent
Faisant face aux assiégeants ;
Balles et boulets s'échangent,
Aux cris des chefs, des sergents.
Pendant ce temps le tambour bat la charge,
   Chacun s'élance en tirant,
Pif ! paf ! pif ! paf ! on voit chaque décharge
   Faire un trou dans chaque rang.

   Vlan, vlan, vlan, vlan, vlan !
   L'ennemi haletant
   Recule, forcé,
   Partout repoussé.
   L'ivresse grandit,
   La foule applaudit,
   Et pour tous, au total,
   C'est un jour sans égal
   Et triomphal ! *(ter.)*

DROLICHON. Saperlotte !... et moi qui étais venu ici pour prendre du repos !

LA REVUE, *riant.* Hi ! hi ! hi !

DROLICHON. Ça la fait rire !... *(Coups de fusils en dehors.)* Ah ! je ne me soutiens plus !... Verse-moi à boire...

LA REVUE, *versant.* Voilà, not'maître.

LORIOL, *prenant le verre.* Merci, la belle. *(Il boit.)*

DROLICHON. Il boit mon vin, à présent !

LORIOL, *embrassant la Revue.* Et voilà pour ta peine !

DROLICHON. Il embrasse ma bonne !...

LORIOL. C'est le droit du vainqueur.

SCÈNE IV.

LES MÊMES. — UN VOLONTAIRE.

LE VOLONTAIRE, *entrant par la fenêtre.* Minute, camarade !... la forteresse est à nous.

LORIOL. Hein ?... comment ?

LE VOLONTAIRE. Nous sommes maîtres de la position, et tu es mon prisonnier.

LORIOL. Mille tonnerres !...

DROLICHON, *à part.* Eh ! bien, je ne suis pas fâché de ça !

LE VOLONTAIRE, *tendant la main à Loriol.* Sans rancune ?

LORIOL, *la lui serrant.* Parbleu ! entr'amis, entre compagnons d'armes !

DROLICHON, *étonné.* Le voilà qui fraternise avec son prisonnier.

LORIOL. Bah ! un prisonnier pour rire.

DROLICHON. Mais cette bataille ?...

LE VOLONTAIRE. Pour rire également.

LORIOL. Histoire d'exercer les réservistes...

LE VOLONTAIRE. Pendant leurs vingt-huit jours.

DROLICHON. Ah ! bah ! c'était ?...

LA REVUE. Eh ! oui, c'est ce qu'on appelle : les grandes manœuvres.

DROLICHON. Les grandes manœuvres ?...

LA REVUE. Dont je voulais te donner un échantillon, moi, la Revue.

DROLICHON. Ma commère !... Et je ne l'ai pas reconnue !...

LA REVUE, *criant.* Au changement ! *(Changement à vue.)*

SEPTIÈME TABLEAU
Le champ des manœuvres.

SCÈNE UNIQUE.

DROLICHON, LA REVUE, LORIOL, RÉSERVISTES, UNE CANTINIÈRE, UN LIEUTENANT.

CHŒUR DES RÉSERVISTES.

Air : *Avec un soin véritable* (Moulin du Vert-Galant).

Manœuvrons avec adresse,
A droite, à gauche, en avant !
Obéissons sans molesse
Chacun au commandement !
Attention à l'exercice,
Faisons bien notre service,
Garde à nous, n'oublions rien,
Songeons que nous pourrons bien
Quelque jour aller au feu *(bis).*
   Oui, morbleu !
   Ventrebleu !
   Sacrebleu !
Nous irons au feu !

(Evolutions militaires.)

LE LIEUTENANT, *après les évolutions.* Halte ! fixe ! alignement !.. Portez armes ! présentez armes !... Haut les armes ! Rompez les rangs !

TOUS. Ah !

LORIOL. Maintenant une goutte de riquiqui, la cantinière !

LA CANTINIÈRE. Voilà les amours, voilà ! *(Elle verse.)*

LORIOL. Et en avant la chanson militaire !
TOUS. En avant la chanson !

LA CANTINIÈRE.

Air : *Rondes des Cent vierges.*

Accourez tous à mon bidon,
Eh ! digue din don !

TOUS.

Eh ! digue din don !

LA CANTINIÈRE.

Pour vous refaire le bedon,
Eh ! digue din don !

TOUS.

Eh ! digue din don !

J'accompagne d'un gai fredon
Le rogomm' dont je vous fais don,
Eh ! digue din don (*bis*).
Digue, digue din don !

TOUS.

Digue, digue, digue, etc.

LA CANTINIÈRE.

PREMIER COUPLET.

Je n' suis pas des plus rigoristes,
A tous je donne ma liqueur ;
Mais, entre nous, je gard' mon cœur
Pour nos gentils p'tits réservistes.
Avec eux viv' le rigodon !
Eh ! digue din don !

TOUS.

Et digue din don !

LA CANTINIÈRE.

J'aime à marcher sous leur guidon,
Eh ! digue din don !

TOUS.

Eh ! digue din don !

LA CANTINIÈRE.

Gaîment je leur fais l'abondon
Et de mon cœur et d' mon bidon,
Eh ! digue din don ! (*bis*).
Digue, digue din don !

TOUS.

Digue, digue, digue, etc.

LA CANTINIÈRE.

DEUXIÈME COUPLET.

L'aut' jour, un pékin m' dit : la mère,
Je voudrais boire à ton tonneau.
Mais je répond à c' god'lureau,
En lui f'sant l' salut militaire :
Ça t'f'rait mourir, gros Céladon,
Et ! digue din don !

TOUS.

Et ! digue din don !

LA CANTINIÈRE.

Tu me fais l'effet d'un dindon !
Eh ! digue din don !

TOUS.

Eh ! digue din don !

LA CANTINIÈRE.

Va donc, échappé de Meudon,
C'est pas pour toi qu'est mon bidon,
Eh ! digue din don ! (*bis*).
Digue digue din don !

TOUS.

Digue, digue, digue, digue, etc.

Danse générale. — Le rideau baisse.

ACTE TROISIEME

HUITIÈME TABLEAU

Châssis de forêt. — Au deuxième plan, un grand rideau reposant sur une tringle et devant s'ouvrir par le milieu.

SCÈNE PREMIÈRE.

CHAMPIGNOL, *puis* DROLICHON *et* LA REVUE, *et ensuite* UN SPECTATEUR. *Au lever du rideau Champignol est en scène.*

CHAMPIGNOL. Et ! bien !... eh ! bien !... on lève le rideau !... (*criant,*) mais ne levez donc pas !... ah ! bien oui, c'est comme si je chantais !... sapristi !... avant de lever la toile, on prévient les gens ! (*au public.*) Mille pardons, mesdames et messieurs, c'est la faute du régisseur... J'étais là, je regardais par le trou du rideau, sans m'attendre à rien, lorsque tout à coup...

LA REVUE, *entrant par la droite avec Drolichon.* Comment, un étranger sur le théâtre !

DROLICHON. Mais je le reconnais, c'est l'interrupteur de la salle !... (*A Champignol.*) Qu'est-ce que vous faites sur la scène, vous ?... votre place n'est pas ici !...

CHAMPIGNOL. J'étais monté dans les coulisses pour parler à l'auteur à qui j'avais à faire quelques observations.

DROLICHON. On vous a déjà dit que l'auteur n'est pas au théâtre.

LA REVUE. Je viens de l'apercevoir se promenant dans les Champs-Élysées.

DROLICHON. Vous le trouverez sous le dix-huitième arbre à gauche !

CHAMPIGNOL. Sous le dix-huitième arbre ?...

DROLICHON. Allons, allons, dépêchez-vous de filer !...

LA REVUE. On va commencer le troisième acte, l'acte des théâtres.

CHAMPIGNOL. L'acte des théâtres !... Celui qui est d'ordinaire le plus amusant !... Je cours à mon fauteuil... (*regardant dans la salle.*) Eh ! mais, il est occupé !... (*S'adressant à un spectateur placé à l'orchestre.*) Pardon, monsieur, vous avec mon fauteuil.

LE SPECTATEUR. Vous vous trompez, monsieur, c'est le mien.

CHAMPIGNOL. Le vôtre !... mais pas du tout !

DROLICHON. Allons, bien ! voilà qu'il fait une émeute à présent !

CHAMPIGNOL. Mais on m'a chipé ma place !...

LE SPECTATEUR. Encore une fois, je vous dis que non.

CHAMPIGNOL. Et moi, je vous dis que si !...

DROLICHON. Ah ! ça, voyons, est-ce que vous n'avez pas fini ?

LE SPECTATEUR, *à Champignol.* Je suis le médecin du théâtre, et le cinquante-trois m'a été donné par le directeur.

CHAMPIGNOL. Mais, saperlipopette ! je l'ai loué !... j'ai payé huit francs !

LE SPECTATEUR. Adressez-vous au bureau de location.

CHAMPIGNOL. Mais il est fermé !... la buraliste est partie !...

DROLICHON. Alors, allez vous expliquer au contrôle... et fichez-nous la paix !

LA REVUE. Vous voyez bien que vous troublez le spectacle.

CHAMPIGNOL. Eh ! bien, oui, je vais trouver le contrôleur en chef... et si ça ne suffit pas, je m'adresserai au directeur... Il faudra qu'on me rende mon fauteuil ou mon argent.

DROLICHON. C'est bon !... en voilà assez !... Sortez !...

CHAMPIGNOL. Je ferai dresser procès-verbal... Je demanderai des dommages-intérêts, vingt-cinq mille francs de dommages-intérêts.

DROLICHON. Allez au diable !

CHAMPIGNOL, *au Spectateur.* Venez avec moi, monsieur !... venez vous expliquer au contrôle.

LE SPECTATEUR. Moi ?

LA REVUE. Oui, allez, docteur, je vous en prie...

LE SPECTATEUR. C'est pour vous obéir, mademoiselle Clammecy.

CHAMPIGNOL. Venez, venez !... ah ! nous allons voir !... (*criant.*) ne commencez pas sans moi !... (*Il sort.*)

DROLICHON. Oui, compte là-dessus... Un quart d'heure de perdu ! ah ! le maudit homme !

LA REVUE. Enfin, il est parti !... commençons !

DROLICHON. Oui, oui, commençons !... (*musique.*) Qui vient là ? (*Voyant entrer Jeanne d'Arc.*) Une guerrière !

SCÈNE II.

DROLICHON, LA REVUE, JEANNE D'ARC.

JEANNE D'ARC. C'est moi, Jeanne d'Arc.

DROLICHON. Jeanne d'Arc ?...

LA REVUE. Le dernier opéra de l'Académie de musique.

DROLICHON. Pardon, je ne vous r'*mermet*... tais pas.

JEANNE D'ARC. Ah ! monsieur, je suis en effet bien changée... Il m'est arrivé tant d'accidents.

DROLICHON. Vraiment ?

LA REVUE. Contez-nous donc ça.

JEANNE D'ARC. D'abord je devais être représentée rue Lepelletier ; mais, lors de l'incendie de l'ancienne salle, ma partition a été brûlée.

DROLICHON. Elle aussi !

Air : *Tenez, mais je suis un bon homme.*

C'était dans votre destinée ;
L'héroïne de Vaucouleurs,
Je le vois, était condamnée
A supporter tous les malheurs.

JEANNE D'ARC.

Oui, monsieur, je n'ai pas de chance,
Le feu toujours !...

DROLICHON.

C'était écrit !
Par un bûcher elle commence,
Et par un four elle finit.

DROLICHON, LA REVUE, ENSEMBLE.

Par un bûcher, etc.

JEANNE D'ARC. C'est égal, le public a été bien injuste à mon égard... Et si vous voulez que je vous chante mon grand air...

DROLICHON, *vivement.* Non, non, merci !... J'ai entendu parler de votre musique... et je m'en méfie.

JEANNE D'ARC. Ah! vous voilà comme les autres! mais l'avenir me vengera! (*Elle sort.*)

DROLICHON. Infortunée Jeanne d'Arc! je crois quelle se fourre le gantelet dans l'œil!

SCÈNE III.

DROLICHON, LA REVUE, PAUL *et* VIRGINIE. (*Ils entrent en se tenant par le bras et en s'abritant sous une grande feuille de bananier*).

VIRGINIE.

Air : *de Gretchen et Fritzchen.*

Je suis Virginie.

PAUL.

Et moi je suis Paul.

VIRGINIE.

Jamais Virginie
Ne marche sans Paul.

PAUL.

Même parapluie

VIRGINIE,

Même parasol

PAUL.

Abrit' Virginie

VIRGINIE.

A côté de Paul.

ENSEMBLE.

Ah! ah! voilà Paul et Virginie,
Ah! ah! voilà Virginie et Paul!

DROLICHON. Ah! vous êtes Paul et Virginie?

LA REVUE. Le grand succès du Théâtre-Lyrique.

VIRGINIE. Chaque jour, la foule assiége nos quatorze bureaux de location.

DROLICHON. Quatorze bureaux !...

PAUL. Et on parle d'en établir un quinzième.

LA REVUE. En vérité !

DROLICHON. Il faudra que j'aille vous entendre un de ces soirs.

VIRGINIE. Inutile de vous déranger... vous ne trouveriez pas de place.

PAUL. Toute la salle est louée pour quatre cent vingt-cinq représentations.

DROLICHON. Tant que ça?

LA REVUE, *bas à Drolichon.* A ce que disent les réclames.

PAUL. C'est un véritable engouement.

Air : *Vaudeville des frères de lait.*
Par des accords pleins d'harmonie,

VIRGINIE,

Par le mérite des chanteurs,

PAUL.

Chaque soir, Paul et Virginie
Emerveillent les spectateurs...

VIRGINIE,

Et nous font des admirateurs.

PAUL.

Le livre est charmant, poétique,
Un chef-d'œuvre de sentiment...

VIRGINIE,

Et le succès de la musique
Egale celui du roman.

TOUS DEUX ENSEMBLE.

Egale au moins le succès du roman!

LA REVUE. En effet, ont dit votre musique très-jolie.

VIRGINIE. Ravissante, madame, ravissante !

LA REVUE. On m'a parlé surtout de certain duo...

DROLICHON. Un duo !... Je serais charmé de l'entendre !

PAUL. Ah! c'est qu'il est fièrement éreintant.

VIRGINIE. Et Paul, notre ténor, est un peu enroué !

PAUL. Mais, si vous voulez, nous allons vous en chanter un fragment.

LA REVUE. Volontiers !

Air : *Fragment du duo de Paul et Virginie.*
Par quel charme, dis-moi, m'as-tu donc enchanté?
etc., etc.

DROLICHON, *applaudissant, après le duo.* Bravo! bravo!.. bravissimo! (*Paul et Virginie qui allaient sortir, reviennent, saluent, puis se retirent.*)

SCÈNE IV.

LA REVUE, DROLICHON.

DROLICHON. Ah! ça, maintenant, je ne serais pas fâché de voir un peu de comédie.

LA REVUE. Justement, j'allais t'annoncer le gymnase.

DROLICHON. Le Gymnase!... l'ancien théâtre de Scribe, de Bayard... celui de Sardou, d'Augier, d'Alexandre Dumas!... Fichtre de fichtre! ça doit être très-littéraire.

LA REVUE. Regarde! (*Le rideau du fond s'ouvre et laisse voir sur une estrade un jeune vendangeur en caleçon, exprimant le jus d'une grappe de raisin.*)

DROLICHON. Un jeune garçon, fort peu vêtu, exprimant le jus d'une grappe de chasselas ! (*Le rideau se referme.*) Qu'est-ce que ça veut dire ?...

LA REVUE. C'est la reproduction d'un tableau de l'exposition de cette année : La grappe de raisin.

DROLICHON. Et c'est là ce qu'on voit au Gymnase?

LA REVUE. Sans doute ; dans le salon du cinquième étage. (*Le rideau s'ouvre de nouveau ; on voit une petite paysanne, lisant le journal à un invalide assis près d'elle*)

DROLICHON. Tiens !... à présent c'est une gamine lisant le journal à un invalide.

LA REVUE. Encore la représentation d'un tableau du salon. (*Le rideau se referme.*)

DROLICHON. C'est singulier!... Pour un théâtre littéraire, voilà un drôle de genre de pièces !... (*Le rideau se rouvre de nouveau, et laisse voir un groupe de laveuses étendant du linge.*)

LA REVUE, *annonçant le tableau.* Les laveuses à la fontaine. (*Le rideau se referme.*)

DROLICHON. Mais tous ces bons hommes là ne disent rien!... Ce n'est pas de la comédie, c'est de la pantomine.

LA REVUE. Ce sont des tableaux vivants.

DROLICHON. Des tableaux vivants!...

LA REVUE.

Air : *de Voltaire chez Ninon.*
A nos regards, pendant l'été,
Cet ancien théâtre de Scribe
Exhibe mainte nudité.

DROLICHON.

Quoi ! voilà tout ce qu'il exhibe?

LA REVUE.

C'est pour combattre les chaleurs.

DROLICHON.

Mais alors sa littérature,
Ce n'est pas l'école des mœurs,
C'est une école de peinture !

SCENE V.

LES MÊMES, LA COMTESSE ROMANI.

LA COMTESSE ROMANI, *entrant.* Pardon, mon cher!... Ces machines là, c'est bon dans les mois de juillet et d'août, pendant les grosses chaleurs, quand le tout Paris des premières est aux eaux ou en villégiature ; mais en automne, nous servons autre chose au vrai public,

DROLICHON. Ah! mille pardons, madame!... Veuillez m'apprendre à qui j'ai l'avantage?...

LA COMTESSE ROMANI. Je suis la comtesse Romani.

DROLICHON. Une comtesse!...

LA COMTESSE ROMANI. Retour de Russie. La nouvelle étoile du Gymnase.

LA REVUE. Ah! très-bien ! votre pièce devait d'abord s'appeler : le mari d'une étoile.

LA COMTESSE ROMANI. L'étoile, c'est moi. — Je jouais la tragédie à Venise, lorsque le comte Romani, qui était très-toqué de moi, m'a offert son nom et sa main.

DROLICHON. Bon ! c'est un jobard !

LA COMTESSE ROMANI. Un jobard, non... C'est un naïf... un homme comme il en faut pour nous payer des toilettes de ville que ces grigous de directeurs refusent de nous fournir. — J'ai renoncé aux planches pour lui faire plaisir... mais, une fois sa femme, je m'ennuie, et, pour me distraire, je le trompe.

LA REVUE. Comme dans le mariage d'Olympe.

DROLICHON. Comme dans Fromont jeune et Risler aîné.

LA COMTESSE ROMANI. Et bien d'autres pièces... Parbleu ! je n'ai pas la prétention d'être la première femme qui trompe son mari !...

Air : *Rondeau de l'homme n'est pas parfait.*

Mais écoutez mon histoire ;
Si ce n'est pas très-nouveau,
Ça charme notre auditoire,
Car c'est assez rigolo.
Le comte apprend un beau jour
L'accroc fait à son amour,
Et son front supporte mal
Cet ornement conjugal.
Du haut en bas il me traite,
Et veut, sans rémission,
Une rupture complète,
Une séparation.
L'y voyant déterminé,
Et le sachant ruiné,
Je lui dis : « Pas de courroux,
Mon petit, séparons-nous !
Je retourne à Melpomène. »
— « Ah ! me dit-il, furieux,
« Si vous montez sur la scène,
« Je me perce, sous vos yeux ! »

— « Bah ! que me dites-vous là ?
« Je la connais, celle-là !
« Se tuer ? on dit cela,
« Quant à le faire, oh ! la, la ! »
Voyant que je me dirige
Vers la porte, sans retard,
Mon mari, pris de vertige,
Se flanque un coup de poignard.
Sur le coup, le croyant mort,
Je suis prise de remord,
Je m'écrie : « Ah ! sapristi ! »
Il tombe... et la toile aussi.
Par bonheur, il en réchappe ;
Le comte, à l'acte suivant,
Grâce aux soins d'un Esculape,
Est vivant, et très-vivant,
Il m'a pardonné mes torts,
Et je lui propose alors
D'aller vivre aux champs tous deux
En vrais pigeons amoureux.
— « Non, dit-il, je t'aime encore ;
« Mais du comte Romani
« Vous fîtes un minotaure,
« Entre nous tout est fini ! »
Il me quitte là-dessus ;
Moi, voyant mes vœux déçus,
Je veux, mais là, pour de bon,
Me périr par le charbon.
Mais voilà qu'un camarade,
Un brave et vieux cabotin,
Vient me faire une algarade,
En apprenant mon dessein :
— « Allons, du zinc et du fard !
« Dit-il, tu te dois à l'art ;
« Ton triomphe est assuré... »
— « Soit ! réponds-je, je jouerai ! »
Ainsi finit mon histoire ;
Si ce n'est pas très-nouveau,
Chaque soir, notre auditoire
Me prodigue maint bravo.
                    (Elle sort.)

DROLICHON. Moralité : épouser une femme de théâtre, c'est une boulette !

LA REVUE. Attention !... voici quelqu'un.

SCÈNE VI

DROLICHON, LA REVUE, PETIT-JEAN, *en robe d'avocat.*

PETIT-JEAN, *déclamant.*

Messieurs, quand je regarde avec exactitude
L'inconstance du monde et sa vicissitude ;
Lorsque je vois, parmi tant d'hommes différents,
Pas une étoile fixe et tant d'astres errants ;
Quand je vois les Césars, quand je vois leur fortune,
Quand je vois le soleil, et quand je vois la lune...

DROLICHON. Quel est ce particulier en robe d'avocat ?

LA REVUE. Je le reconnais ; c'est Petit-Jean, des *Plaideurs.*

PETIT-JEAN. Oui et non. — Je suis le Théâtre-Français.

DROLICHON. Le Théâtre-Français !... place du Palais-Royal ?

PETIT-JEAN. Pas celui-là.

DROLICHON. Ah ! le second ?... place de l'Odéon ?

PETIT-JEAN. Non... le troisième.

DROLICHON, *avec une grimace.* Oye ! oye ! oye !

PETIT-JEAN. J'avais loué lo salle Déjazet pour y établir une pépinière dramatique... pour y jouer les jeunes, rien que les jeunes.

DROLICHON. Bonne idée !

PETIT-JEAN. J'ai ouvert par la Pupille, une pièce littéraire d'un jeune... — En prose...

DROLICHON. Egalement jeune ?

PETIT-JEAN. Tout ce qu'il y a de plus jeune. — Eh bien, ça n'a pas réussi... Le public a blagué tout le temps.

DROLICHON. Ah ! bah !

LA REVUE. Et alors ?...

PETIT-JEAN. Alors, j'ai donné l'Hôte.

DROLICHON. Encore d'un jeune ?

PETIT-JEAN. Toujours.

DROLICHON. Je connais le proverbe : Qui compte sans son hôte, compte deux fois.

PETIT-JEAN. Et qui compte sur son hôte ne compte pas du tout. — Pas de recettes, hélas ! pas de recettes ! — Aussi me voilà forcé de me rejeter sur les vieux, les classiques.

LA REVUE. Bonne chance !

PETIT-JEAN. Merci. (*Déclamant.*)

Quand je vois les états des Babyloniens
Transférés des serpents aux Macédoniens,
Quand je vois...   (*Il sort.*)

DROLICHON. Ouf ! il n'est pas réjouissant le Théâtre-Français de la troisième catégorie !...

LA REVUE. Veux-tu voir celui de la première ?

DROLICHON. Ça me fera plaisir.

LA REVUE. Eh ! bien, assieds-toi... Et tu vas assister à une représentation de Rome vaincue.

DROLICHON. La nouvelle tragédie !... ah ! bravo !

LA REVUE, *criant.* Chargez le rideau ! (*Le rideau du fond se lève. — Drolichon s'assied sur une chaise à l'avant-scène, et la Revue de l'autre côté du théâtre.*)

NEUVIÈME TABLEAU

Une forêt. — Sur la toile de fond est peint le portique du temple de Vesta.

SCÈNE VII

DROLICHON, LA REVUE, *assis,* VESTAMOR, *puis* LANTERNUS.

VESTAMOR, *il entre en récurant une poêle.*
Chantez, ô nations ! les Romains sont vaincus,
Rome va voir la fin de ses petits écus.
Les Romains sont vaincus ! ô Gaule, quel régal !
Le vieux Brennus renaît dans la peau d'Annibal.
        Sur l'air du tra la la la,
        Sur l'air du tra la la la,
    Sur l'air du tra dé ri dé ra,
            Tra la la !

LANTERNUS, *entrant d'un air sombre.*
Tu chantes, Vestamor !

VESTAMOR.
                En récurant, je chante.

LANTERNUS.
D'où te vient ta gaîté ?

VESTAMOR.
                Demandez à la plante
D'où vient qu'elle verdit et rayonne au soleil.
Pauvre esclave, je suis à la plante pareil !
Du reste, ça va bien ?

LANTERNUS.
                Ça va mal, au contraire.
Notre armée a reçu dans la dernière affaire
Une tripotée.

VESTAMOR.
                Oui, paraîtrait qu'Annibal
A rudement frotté les Romains.

LANTERNUS.
                                L'animal !
Quelle honte ! un barbare a vaincu Paul Emile.

VESTAMOR.
Ah ! dame, on ne met pas tous les jours dans le mille.

DROLICHON, *à la Revue.* Pourquoi donc fait-il toutes ces contorsions en parlant ?

LA REVUE. Parce que c'est un esclave gaulois.

DROLICHON. Ah ! très-bien !... tout s'explique !... (*Aux acteurs.*) Continuez !

LANTERNUS.
Ah ! la guigne s'attache aux fils de Romulus !

VESTAMOR.
Un guignon bien plus grand vous attend, Lanternus.

LANTERNUS.
Lequel ?

VESTAMOR.
        Vous ignorez ?...

LANTERNUS.
                Je ne sais rien, j'arrive.

VESTAMOR.
Eh ! bien, aujourd'hui même, on doit enterrer vive
Une vestale.

LANTERNUS.
        O ciel ! cette vestale-là,
Quelle est-elle ? Son nom ? Réponds donc !

VESTAMOR.
                                La voilà.

SCÈNE VIII.

LES MÊMES, OPIA.

LANTERNUS.
Opia !

OPIA, *se jetant dans ses bras.*
    Lanternus !... Comment ! encore en vie !
Je te croyais occis.

LANTERNUS.
        Oh ! qu' non.

OPIA.
                J'en suis ravie.

LANTERNUS.
Hélas !

OPIA.
    Quoi ?

LANTERUS.
        Je sais tout.

OPIA.
            Qui t'a dit ?...

LANTERNUS.
                    Vestamor.
Ils t'ont donc condamnée ?

OPIA.
                Oui, condamnée à mort,
Pour avoir oublié mes devoirs de vestale.

LANTERNUS.
C'est moi qui t'ai perdue !... ô passion fatale !

OPIA.
L'oracle a prononcé : ce supplice odieux
Pourra seul désarmer la colère des dieux.
Ma mort assurera le triomphe de Rome.

LANTERNUS.
Ta mort !... mille démons ! nom d'un petit bonhomme !
Nous périrons ensemble, avec toi je mourrai.

VESTAMOR.
Ne vous lamentez pas ! moi, je la sauverai.

LANTERNUS.
Toi, Vestamor ?...

VESTAMOR.
Oui, moi !... Je connais une grotte
Souterraine où jamais un licteur ne se frotte.
J'en ai la clef.
(Il tire une grosse clef de sa tunique.)
Par là, tous deux vous pourrez fuir,
Puis, au mont Palatin, roucouler à loisir.

LANTERNUS, entraînant Opia.
Viens !

OPIA.
Partons !
(Elle fait quelques pas et s'arrête.)
Non ! jamais ! Être deshonorée !
Fuir avec un amant ! mieux vaut être enterrée
Vivante !

LANTERNUS.
Malheureuse !

VESTAMOR.
On vient !...

SCÈNE IX

LES MÊMES, COSTUMIA. (Elle entre en se guidant à l'aide d'un bâton qu'elle tient à la main. Sur sa poitrine est un écriteau avec ce mot écrit en grosses lettres : Aveugle.)

COSTUMIA.
Je n'y vois pas ?
Qui donc vers le Sénat dirigera mes pas ?

DROLICHON.
Tiens ! une aveugle !

COSTUMIA,
Oui, je veux lui parler sur-le-champ.

LANTERNUS, bas.
C'est l'aïeule.

COSTUMIA.
Quoiqu'aveugle, je suis la mère Forte-en-Gueule.

OPIA, s'élançant vers elle.
Grand'maman !...

COSTUMIA.
Opia !... ma fille ! quoi ! c'est toi ?

OPIA.
Oui, c'est moi.

COSTUMIA.
Chère enfant ! allons, viens, conduis-moi !

OPIA.
Où donc

COSTUMIA.
Aux sénateurs.

OPIA.
Mais ils m'ont condamnée.

COSTUMIA.
Et que me fiche à moi leur sentence damnée ?
Avant de te tuer, que diantre ! ils m'entendront.
Devant eux je plierai mes vieux genoux, mon front :
« Je suis Costumia, de très-illustre race,
Leur dirai-je, et je viens vous demander sa grâce.
« Epargnez Opia ! Rendez-moi mon enfant !
« Cette vestale-là, c'est ma chair, c'est mon sang !
« Je la portai neuf mois dans les flancs de ma fille !
« Au nom des dieux, messieurs, épargnez ma famille ! »

OPIA.
Vos discours seront vains, ils ne s'y rendront pas ?

COSTUMIA.
Ils ne s'y rendront pas ?

LANTERNUS.
J'en ai bien peur, hélas !

OPIA.
De Rome le salut dépend de mon supplice.

COSTUMIA.
Qu'importe son salut ! Eh ! que Rome périsse !
Que crèvent les Romains ! Pour moi, le principal,
C'est que tu vives, toi !... le reste m'est égal !

OPIA.
Grand'mère, je saurai mourir avec courage.

COSTUMIA.
Mais tu ne sais donc pas quel sera ton partage ?
Un souterrain sans air... un horrible caveau...
La faim, la soif... et rien, rien qu'une cruche d'eau !
De braver ce destin une femme est trop cruche.

OPIA.
Je saurai me soustraire à cette affreuse embûche.

COSTUMIA.
Comment ?

OPIA.
J'ai ce poignard.

COSTUMIA, le prenant.
Donne l... Où donc est ton cœur
Guide ma main.

OPIA, lui mettant la main sur son cœur.
C'est là.

COSTUMIA.
Là, très-bien ! (Elle la poignarde.) Vlan !

LANTERNUS.
Malheur !
Morte !... A cet ange-là je ne dois pas survivre.
(Il se frappe et tombe.)

VESTAMOR.
De l'esclavage enfin que la mort me délivre !
(Il se poignarde et tombe.)

COSTUMIA, se penchant vers Opia.
Attends-moi, chère enfant, mon bébé, mon lolo,
On nous enterrera dans le même tombeau.
Je paierai double place au vieux Caron, s'il beugle. (Au public.)
Ce soir, n'oubliez pas, messieurs, le pauvre aveugle !
(Elle se poignarde et tombe.)

DROLICHON. Bravo ! bravo !... tous ! tous ! tous !
(Les quatre personnages se relèvent, saluent le public et sortent.)
LA REVUE, se levant. Eh bien, qu'en dis-tu ?
DROLICHON. Très-belle, la parodie de M. Tragédi... non, la tragédie de M. Parodi... Mais j'ai déjà vu ça à l'Opéra... C'est la Vestale, de Spontini.
LA REVUE. Moins la musique.
FRITZ, paraissant. Place ! place ! rangez-vous !
DROLICHON. Qui vient là ?

SCÈNE X

DROLICHON, LA REVUE, L'AMI FRITZ. (Il porte sur un bras une branche d'arbre chargée de cerises ; sous l'autre bras, il a un coucou. Une soupière d'argent est suspendue à son cou par un cordon. Sur son estomac est un ratelier chargé de pipes. De l'une des poches de son habit à larges basques sort un bock ; de l'autre poche, un livre : le Manuel de la cuisinière bourgeoise. Il tient un panier à la main.)

DROLICHON. Tiens ! un marchand de bric-à-brac.
FRITZ. Un marchand de bric-à-brac !... moi !... Erreur, mon brave homme !
DROLICHON. Pardon !... En voyant tous ces bibelots, je m'étais imaginé...
FRITZ. Saluez !... Je suis l'ami Fritz.
DROLICHON. Ah ! cette pièce que les comédiens du Théâtre-Français ont eu l'honneur...
FRITZ. C'est cela ! un ouvrage remarquable.
LA REVUE. Qui a fait pas mal de bruit avant d'être joué...
FRITZ. Et dont la mise en scène est une merveille d'exactitude et de réalisme. Regardez cette soupière.
DROLICHON. Superbe argenterie !
FRITZ. Sortant de chez le meilleur orfèvre de Strasbourg... Voulez-vous goûter mon potage à la bisque ?
DROLICHON. Non, merci... Je ne prends jamais rien entre mes repas...
FRITZ. Du vrai potage à la bisque... ça embaume.
DROLICHON. Fort bien !... Et votre pièce ?
FRITZ. Voyez-vous ces pipes ? elles ont été culottées dans une brasserie d'Allemagne. Et ce bock, monsieur, ce bock ! est-il assez nature !
DROLICHON. Oui, oui... pour un beau bock, voilà un beau bock. Mais votre pièce ?...
FRITZ, tirant un poisson de son panier. Et ce brochet ! Faites-moi le plaisir de flairer ce brochet... Pas un roquet de brochet en carton, comme on vous en sert habituellement dans les théâtres... un vrai brochet, pêché dans le Rhin, et accommodé avec de la vraie gelée de pommes... à la mode d'Alsace.
LA REVUE. C'est vrai.
DROLICHON. C'est à s'en lécher les doigts... Mais la pièce ?...
FRITZ. Je ne vous parle pas de ce coucou... un coucou authentique que nous avons fait venir de la Forêt-Noire... Mais voyez cette branche de cerisier.
LA REVUE. Avec des cerises, ma foi !
FRITZ. De vraies cerises... que je mange, en jetant les noyaux... de vrais noyaux. Quant à mes beignets...
DROLICHON, l'interrompant. Permettez !... une simple observation... Il me semble qu'on mange beaucoup dans cette pièce-là.
FRITZ. On mange tout le temps. La partie gastronomique y est traitée de main de maître... Mon code, le voilà. (Il montre le livre qu'il tire de sa poche.)
LA REVUE. La Cuisinière bourgeoise ?
FRITZ. Avec la recette de trois cents menus.

DROLICHON. A merveille!... Mais enfin la pièce?... vous ne nous dites rien de la pièce.

FRITZ. Oh! la pièce... les accessoires, c'est la pièce.

LA REVUE. Et la pièce est l'accessoire.

FRITZ. N'importe!...

Air : *Ah! qu'il est doux de vendanger.*

On doit, sans le moindre brocard,
    Traiter avec égard
Notre nouvelle pièce, car
    Nos auteurs, sans nul doute,
    Sont des amis de l'art...
        DROLICHON.
    De l'art... à la choucroute.
        FRITZ.
        II
Si des acteurs on fait la part,
    Nous prouvons, d'autre part,
Par notre mise en scène, et par
    Nos efforts manifestes,
    Qu'aux Français on a l'art,..
        LA REVUE.
    D'accommoder les restes.

        ENSEMBLE.
    Aux Français on a l'art
    D'accommoder les restes !

                    (*Fritz sort.*)

DROLICHON. C'est égal!... voilà une drôle de comédie.

LA REVUE. Une comédie à trois services.

DROLICHON. Ce n'est pas l'ami Fritz, c'est l'ami Brisse! ..

SCÈNE XI

DROLICHON, LA REVUE, FRANCINE (*de la Boîte au Lait*), KOSIKI, JEANNE, JEANNETTE *et* JEANNETON.

CHŒUR
Air : de *Sultan-Polka.*

Lestes, folles et coquettes,
Du public enfants chéris,
Nous sommes les opérettes
Des théâtres de Paris !

DROLICHON. Des opérettes!... Enchanté de faire votre connaissance!... J'adore l'opérette.

KOSIKI. Et vous n'êtes pas le seul.

JEANNE. Le public nous traite en enfants gâtés.

FRANCINE. Il nous reçoit à bras ouverts.

DROLICHON. Vous êtes assez gentilles pour ça!... mais vous, d'abord, la jolie blonde, qui êtes-vous?

FRANCINE. Francine, de la *Boîte au Lait.*

LA REVUE. Le dernier succès des Bouffes-Parisiens.

FRANCINE.

Air : *Souvent, mon voisin, par galanterie.* (Boîte au Lait.)

Afin d'réparer les torts de Sosthène,
Que pour mon mari refus' mon parrain,
Je me mets en route, et je me promène
Pendant tout' la pièc', ma boîte à la main.
Des voisins à voir j'ai dressé la liste :
Un peintre, un banquier et l'huissier Clampin,
D'abord, en Amour, je pos' chez l'artiste,
A qui finement j'dis d'un air câlin :
    Je me marie, et je voudrais,
    Si j'deviens mère de famille,
    Savoir, un jour, comment j'étais
    Quand j'étais jeune fille !

DROLICHON. Parfait!... mais dites-moi donc, est-ce que vous n'êtes pas un peu parente de la Cruche cassée?

FRANCINE. Parente par un de mes auteurs... mais ce n'est pas la même situation... Ecoutez plutôt. (*Imitation de mademoiselle Chaumont dans la Cruche cassée.*)

LA REVUE. En effet, il n'y a pas le moindre rapport.

DROLICHON, *à Kosiki.* Et vous, quel est votre nom?

KOSIKI, *s'avançant.* Kosiki.

LA REVUE. La dernière opérette de la Renaissance.

DROLICHON. Kosiki!... drôle de nom!

KOSIKI. Un nom japonais.

DROLICHON. Vous êtes un jeune homme?

KOSIKI. Je l'ignore.

DROLICHON. Une femme?

KOSIKI. Je n'en sais rien.

DROLICHON. Ni homme ni femme!... mais vous n'êtes pas Japonais, vous êtes Auvergnat.

KOSIKI. Mon sexe est un mystère... j'ai le cœur d'un homme, et la voix d'une femme... Jugez-en !

Air : de *Kosiki* (la Poupée).

« Voyez ces beaux cheveux d'ébène,
« Ces petits pieds longs comme rien,
« Ce visage de porcelaine,
« Presqu'aussi rosé que le mien.
« Si son corsage et sa tournure
« Manquent d'ampleur sur certain point,
« La couturière en prendra soin
« Et complétera la nature.
    « Ah! par Boudha! (*ter*)
« Le joli joujou que voilà ! »

DROLICHON. Bravo!... bravo!... Ah çà, et ces trois autres qui se tiennent à l'écart?

JEANNE, *s'avançant.* Moi, monsieur, je m'appelle Jeanne.

JEANNETTE. Moi, Jeannette.

JEANNETON. Et moi, Jeanneton.

LA REVUE. Jeanne, Jeannette et Jeanneton !

DROLICHON. Des Folies-Marigny?

JEANNE. Non pas !... des Folies-Dramatiques.

Air : de *Jeanne, Jeannette et Jeanneton.*

A Paris, pour la premièr' fois,
En arrivant de not' village,
Avec un très-léger bagage,
Nous nous rencontrons tout's les trois.
A la vill' ferons nous fortune,
Ou bien faudra-t-il que chacune
Retourne, un jour, dans son canton ?
Hélas! de vous que fera-t-on,
Jeanne, Jeannette et Jeanneton ?
        ENSEMBLE.
De vous, hélas ! que fera-t-on,
Jeanne, Jeannette et Jeanneton ?
        JEANNETON.
        II
Moi, je deviens, au boulevard,
Un' cabaretière fameuse,
        JEANNETTE.
A l'Opéra, je suis danseuse
Et je m'appelle la Guimard.
        JEANNE.
De modiste passant comtesse,
Du roi je deviens la maîtresse,
De Dubarri je prends le nom.
Aussi, chaq' soir, applaudit-on
Jeanne, Jeannette et Jeanneton.
        ENSEMBLE.
Aussi, chaq' soir, applaudit-on
Jeanne, Jeannette et Jeanneton.

SCÈNE XII.

LES MÊMES, CHAMPIGNOL, *puis tous les personnages de la Revue.*

CHAMPIGNOL, *accourant.* Le régisseur!.,. le régisseur!... qu'on m'ouvre la porte de communication! le directeur m'a rendu mon fauteuil, et je retourne dans la salle.

DROLICHON. Dans la salle!... Pour quoi faire?

CHAMPIGNOL. Parbleu! pour voir le troisième acte.

DROLICHON. Mais il est joué.

LA REVUE. La pièce est finie.

CHAMPIGNOL. Finie!...

DROLICHON. Il ne reste plus qu'à chanter le vaudeville final.

CHAMPIGNOL. Et j'ai payé huit francs pour ne rien voir du tout!... (*Rentrée de tous les personnages.*)

CHŒUR

Air : *Vaudeville des Thugs à Paris.*

A chacun son trait,
    Son couplet !
    D'une revue
C'est la fin très-prévue.
A chacun son trait,
    Son couplet !
    Sur tout sujet
Risquons un quolibet !
        FRANCINE.
        I
Au Grand-Hôtel, la *machine parlante,*
Des bons badauds attire les regards ;
Sans cett' machin', la chose est évidente,
Paris avait bien assez de bavards.
        LA REVUE.
        II
La ru' Charlot, près du boul'vard du Temple.
Fait de serins une exhibition ;
Les plus serins, quand la foule les contemple,
Ne sont pas ceux de l'exposition.

DROLICHON.

III

Les magasins du Louvre s'élargissent,
Et prochain'ment d'un' ville ils auront l'air :
Pour les chalands qui, chaq' jour, les remplissent,
Il est question d'y mettre un chemin d'fer.

CÉRÈS.

IV

Le *skating-rink* tonrne toutes les têtes,
On y patine, on y tombe en riant ;
Au *skating-rink* tout va sur des roulettes...
C'est le contraire de la question d'Orient

CHAMPIGNOL.

V

Nous possédons l'descenseur à spirale,
Pour nous monter, nous avons l'ascenseur,
Puis, les r'cenceurs, r'censant la capitale,
On n'dira pas que nous manquons d'censeurs.

LANTERNUS

VI

Dans tout Paris, on voit nos merveilleuses
Prendre aux gandins leurs vêtements affreux :
Ces dam's maint'nant s'affublent de gâteuses,
C'est pas des femm's, quoi ! non, c'est des gommeux.

COSTUMIA, *au public.*

VII

Par les cris-cris, vous comme tous les autres,
Tout cet été, vous fûtes assaillis !
Nous espérons aujourd'hui que les nôtres
Par vous, messieurs, seront mieux accueillis.
Il serait
Cruel, en effet,
Quand not' revue,
A première entrevue,
D' l'indulgence attend un succès,
Que le public éreintât nos couplets !

REPRISE ENSEMBLE.

FIN